내 속에서 솟아 나오려는 것,
바로 그것을 나는 살아 보려고 했다.
탄생, 나는 진짜 태어나고 싶었다.
그런데 그러기가 왜 그토록 어려웠을까?

지금 자신만의 데미안을 쓰고 있는

_____ 님께

태어나려는 자는 하나의 세계를 깨뜨려야 한다

태어나려는 자는 하나의 세계를 깨뜨려야 한다

김종원의 세계철학전집
✕
헤세 for 탄생

김종원 지음

새로운 나를 탄생시킬
지적인 투쟁을 앞둔 당신에게

"그것이 어디로 가는지 누가 알겠는가,

어디서 온 것인지조차 모르는데."

답이 없는 시대를 산다고 말하는 사람이 많다. 하지만 나는 그렇게 생각하지 않는다. 답을 찾지 못하거나, 없다고 생각하는 이유는 그 문제가 어디서 온 것인지 모르기 때문이다. 어디서 온 것인지 아는 사람은 그것이 무엇이든 어디로 가는지도 알 수 있다.

시작과 본질 그리고 근원을 모르는 사람은 더욱 살기 힘든 세상이다. 이제 비밀은 없다. 모두에게 같은 텍스트가 주어지고 있어서다. 그런데 같은 텍스트를 읽지만 모두의 변화는 제각각이다. 이유는 텍스트를 바라보는 '어떤 시선으로 읽느냐?', '무엇을 찾아낼 것인가?', '찾아낸 것을 삶에 어떻게 녹여낼 것인가?' 이 3가지의 관점과 질문의 수준이 서로 다르기 때문이다. 좀 더 높은 수준의 소유자에게는 우주처럼 끝나지 않는 지성의 세계가 열리겠지만, 그렇지 않은 사람에게는 아무런 감흥도 느껴지지 않는다.

나는 2008년부터 그 문제에 대한 사색을 시작했고, 17년이 지난 지금에서야 '김종원의 세계철학전집 시리즈'로 내가 찾은 답을 세상에 전할 수 있게 되었다. 이 전집의 핵심 메시지를 간단하게 압축하면 이렇다.

1. 철학은 반드시 답을 찾는다. 좀 더 좋은 답도 있고, 좀 더 깊고 풍성한 답도 있다. 전집을 통해서 독자에게 읽고 사색하며 실천으로 옮기는 일상의 기쁨을 선물한다.
2. 전집 30권의 큰 구성은 이렇게 진행한다. 살아가는 데 반드시 필요한 30개의 키워드를 먼저 정한 후, 거기에 가장 적합한 30명의 철학자를 통해 이야기를 나눈다.
3. 앞으로 책으로 소개할 주인공은 각자 예술가의 상상력, 학문적인 성과, 현실적인 경험과 지혜, 그리고 탁월한 창조력을 가진

사람들이다.

4. 일상의 작은 고민에서 시작해 각종 비즈니스와 삶의 현장 곳곳
   에서 확실하게 도움이 되는 해답을 제시한다.

이런 방식으로 그들이 남긴 메시지를 농밀하게 추출해 소개할
예정이며, 그 내용을 쉽게 이해할 수 있게 설명한 후, 내면에 각인
할 수 있도록 필사 문장을 제공할 것이다. 매일 한 장 한 장을 읽
어 나가면 당신의 삶은 이전과 완전히 달라질 것이다.

5권의 주인공은 한국인이 유독 사랑하는 철학자 헤르만 헤세
(Hermann Karl Hesse)이고, 그를 대표하는 키워드는 '탄생'이다. 이
책의 제목처럼, "태어나려는 자는 하나의 세계를 깨뜨려야 한다".
그 과정을 나는 스스로의 의지로 태어나는 '진짜 탄생'이라고 생
각하며, '지적인 투쟁'이라고 부르기로 했다. 이를 위해서는 총 5개
의 과정이 필요하다. 고정관념 깨뜨리기, 언어 깨뜨리기, 두려움
깨뜨리기, 관계 깨뜨리기, 일상 깨뜨리기가 바로 그것들이다.

5개의 과정을 모두 통과하면 마침내 가장 마지막 단계인 '낯선
곳의 주인으로 다시 태어나기'에 도달할 수 있다. 헤세가 강조한
것처럼 어떤 인생은 한 번만 태어나지 않는다. 우리의 세계는 자

신의 역량에 따라서 사는 동안 얼마든지 새롭게 태어날 수 있다. 그때마다 더 새롭게, 더 고귀하고 아름답게 태어나고 싶다면, 헤세의 이야기가 많은 도움이 될 것이다. 상상할 수 없는 더 높은 수준으로 태어나고 싶은 모든 사람에게 이 책을 추천한다.

〈1장〉

고정관념 깨뜨리기

언어 깨뜨리기

두려움 깨뜨리기

관계 깨뜨리기

5장

일상 깨뜨리기

낯선 곳의 주인으로 다시 태어나기

김종원의 세계철학전집
✕
헤세 for 탄생

1장

고정관념 깨뜨리기

Hermann Karl Hesse

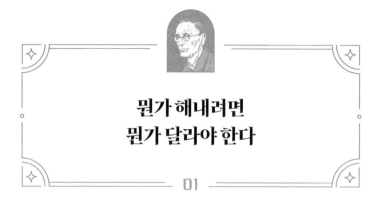

뭔가 해내려면
뭔가 달라야 한다

01

무엇을 해야 할지를
마치 알고 있는 사람처럼
곧바로 달려가라.

Hermann Karl Hesse

하루는 태어나 처음이라 느낄 정도로 몸이 미치도록 아팠다. 하지만 그날 일정대로 온라인 강연 2개와 지방에서의 오프라인 강연 2개를 진행했다. 다른 일정도 마찬가지로 평소처럼 지켰다. 매일 원고지 50매를 쓰겠다는 나와의 약속도, 매일 내가 운영하는 SNS에 하루 3개 이상의 글을 올리겠다는 독자와의 약속도 잊지 않고 모두 지켜냈다. 그것 말고도 내가 일상에서 꼭 해야 할 일을 잊거나 지우지 않고 모두 해냈다. 아프다는 이유로 이루어지는 적당한 타협은 전혀 존재하지 않았다.

누가 스스로 원해서 아프겠는가. 하지만 나는 아프다는 말을 정말 싫어한다. 미치도록 아팠던 그날 진행했던 4번의 강연장에서 내가 아프다는 이유로 양해를 구했을까? 오히려 나는 그들에게 이렇게 미안한 마음을 전했다.

"컨디션 관리를 제대로 하지 못해서 이렇게 아픈 몸으로 왔습니다. 이 점 죄송합니다. 다음에는 꼭 건강한 몸으로 오겠습니다. 대신 오늘은 더 열심히 강연하겠습니다."

뭔가를 해내려는 마음을 갖고 사는 사람이라면 그리 어려운 일이 아니다. 헤세의 조언처럼 당연히 그렇게 해야만 하는 것이기 때문이다. 뭔가를 해내려면 설령 너무 힘들거나 아는 것이 하나도 없더라도, 마치 모든 것을 알고 있는 사람처럼 곧바로 달려가야 한다.

이에 더해서 과거의 자신에게서 벗어나 뭔가를 해내려는 사람들에게 헤세는 당장 실천이 가능한 조언을 들려준다. "사람들을 예전과는 다르게 바라보라. 예전보다 덜 총명하고 덜 오만해져라. 대신, 더 따뜻하고 더 호기심이 많고 더 많은 관심을 지닌 눈길로 세상을 바라보는 게 좋다."

헤세를 포함해서 이와 유사한 마음의 결을 가진 사람들이 이미 자기 삶에서 이 원칙을 목숨처럼 지키고 있으며, 나 역시 경험을 통해서 하나하나 그 장엄한 삶을 배우고 있다.

세상에 꾸준하지 못할 이유는 매우 많다. 병, 게으름, 고통, 슬픔, 지루함 등. 하지만 그럼에도 꾸준해야 할 이유는 오직 단 하나다. 조금이라도 더 나은 내가 되어서, 더 귀한 것을 세상에 선물해야 하니까! 뭔가를 미치도록 해내고 싶은가? 그렇다면 꼭 기억하라. 세상의 모든 좋은 것들은 그냥 나오지 않는다.

필사할
문장

"이 세상에 태어나 작은 무엇이라도
나만의 것을 하나 해내려면,
뭔가 달라도 많이 달라야 한다.
모른다고 멈추거나 주저하지 마라.
마치 모든 것을 알고 있는 사람처럼
자신 있게 곧바로 달려가자."

내 세계의 시세와 세상의 시세는
다르게 돌아간다

02

사람은 자신이 헌신하고
사랑해 온 것에서만
인생의 의미를 발견할 수 있다.

Hermann Karl Hesse

짧지만 많은 의미가 녹아 있는 헤세의 말이다. 그의 말처럼 사람은 자신이 헌신하고 사랑한 것에서만 어떤 의미를 발견할 수 있다. 그리고 우리는 사랑하는 대상으로부터만 뭔가를 배울 수 있다. 그 깨달음은 자신에 대한 가치의 측정으로 이어져서 더 중요하다.

"요즘 시세가 어느 정도죠?"

식당이나 시장 등 다양한 장소에서 무언가를 사고팔 때 가장 자주 듣거나 묻는 말이다. 조금은 다른 개념이지만 직장에서 연봉을 책정할 때도 마찬가지다. 우리는 무의식적으로 혹은 당연하게 세상이 정한 시세에 따라서 움직인다. 나는 내 영역에서 일어나는 모든 일에 시세를 적용한다.

이를테면 내 인스타그램은 팔로워가 28만 명이 넘어서 자주 광고 요청이 온다. 하지만 지금까지 단 한 번도 광고를 진행한 적이 없다. 이유가 뭘까? 내가 광고를 원하지 않아서? 그건 아니다. 굳이 광고하지 않을 이유는 없으니까. 답은 간단하다. 세상의 언어로 표현하자면, 내가 원하는 기준이 너무 높아서다. 또 하나, 그 기준을 이해하지 못하거나 받아들이지 못하는 사람과는 광고를 진행하고 싶지 않기 때문이다. 다양한 광고 제안에 나는 이런 가격 기준을 갖고 있다(이해를 돕기 위해 가격을 포인트로 대체한다).

1. 1회 업로드에 100포인트.
2. 2회 업로드에 300포인트.
3. 3회 업로드에 600포인트.

조금 이상할 수 있다. 보통 같은 곳에서 여러 번 광고를 진행하면 회당 가격을 깎아주는 게 정상이라고 생각하기 때문이다. 그러나 오히려 나는 여러 번 진행할수록 회당 가격을 높게 책정한다. 그 이유는 이렇다.

1. 내가 지난 2년 동안 24시간 내내 분투하며 쌓은 공간을 잠시 빌리려면 이 정도의 투자는 필요하다.
2. 오히려 반복해서 소개하는 2회, 3회가 더 비싼 이유는 나의 신뢰라는 가치까지 더해져서다.

콘텐츠를 만들어서 세상에 제공하며 사는 사람에게는 정말 중요한 부분이다. 높은 금액이 중요한 게 아니라, '분명한 기준과 원칙'이 있다는 게 중요하다. 그게 창조와 변화를 이끄는 삶의 핵심이다. 지난 30년 동안 글과 말을 통해서 내가 늘 외치는 게 하나 있다. 그건 바로 이것이다.

"나의 가치는 내가 정한다.

스스로 자신의 가치를 정하지 않으면

평생 주는 대로만 받고 살게 된다.

세상의 시세를 묻거나 궁금해하지도 않는다.

내가 만든 것들의 가격은 내가 정한다."

'구조적'이라는 말을 버려야
지적 수준이 높아진다

나는 늘 나에게 집중했다.
두 눈으로 나를 바라보았다.
내 안의 뭔가를 세상으로 내보내며
세상과 인연을 맺고,
뜨겁게 투쟁하며 살았다.

Hermann Karl Hesse

누군가 무언가에 대해서 질문했는데, 전문가라는 사람의 대답
이 이게 전부라면 여러분은 어떤 생각이 들겠는가.

"그건 대한민국의 구조적인 부분에 문제가 있습니다."

"그건 학원 사업의 구조적인 문제죠."

우리가 너무나 쉽게 사용하는 이 말은 답이 될 수가 없다. 주식,

부동산, 기업, 학교, 주민회관 등 세상의 모든 분야와 기관은 저마다 구조적인 문제를 갖고 있다. 아무리 사소한 것이라도 구조적으로 문제를 안고 있다. 그래서 "그건 구조적인 문제가 있어서 그래."라는 말은 올바른 답변이 아닌 것이다.

진짜로 아는 사람은 오히려 '구조적 문제'라는 표현을 쓰지 않고, 어떤 구조적인 문제가 있는지 그 대상을 정확하게 짚어내 설명하고 알려준다. 지금부터 일상에서 '구조적'이라는 표현을 지우고 살아보라. 그러면 그 순간부터 생각이라는 것을 시작하게 된다. 이것과 저것 사이에 어떤 관계가 있는지, 그렇게 생각하는 나만의 이유는 무엇인지를 스스로 생각하면 마침내 구조적인 문제에 녹아 있는 원인과 해결책을 찾아내게 된다. 헤세도 이에 동의하며 이렇게 조언한다.

"나는 학자가 아니다. 말할 수 있는 능력도 없고, 사색할 수 있는 능력도 없다. 나는 단지 남의 말을 경청하는 능력과 차분해지는 법을 배웠을 뿐이다. 내게 만약 그것을 가르치고 말할 수 있는 능력이 있다면, 나는 좀 더 현명한 사람이 되었을 것이다."

중요한 건 단지 아는 것이 아니다. 지적 수준을 높이기 위해서는 내가 본 것에 대해서 표현할 수 있는 능력을 갖추고 있어야 한다. 헤세는 세상이 정한 규칙에 잠시도 자신을 가두지 않았다. "내두 눈으로 나를 바라보았다."라는 말이 그 사실을 증명한다. 뭐든 자기 방식으로 시도하지 않으면, 자기 지성의 끝이 어디인지 알수 없다. 존재는 그 자체로 가능성이다. 한낱 단어 하나에 자신의 가능성과 지성을 가두지 마라.

필사할
문장

"나는 나의 두 눈을 가리고 막는
수많은 단어의 벽을 넘어설 것이다.
세상과 뜨겁게 투쟁하며
내가 무엇을 경험하고 생각했는지
그 흔적을 남길 것이다."

살면서 한계를 자주 느끼고 있다면 좋은 신호다

04

나의 세계와 삶이 과거가 되며
나로부터 멀어지는 모습을
얼어붙는 가슴으로 바라만 보고 있었다.
처음으로 나는 쓰디쓴 죽음의 맛을 경험했다.
그것은 두려운 새 삶에 대한,
내 불안한 마음이 만든 탄생이었다.

Hermann Karl Hesse

"아, 난 이 정도가 한계인가?"

"이제는 좀 더 나를 극복하고 싶은데!"

혹시 그대는 이런 고민으로 불면의 시간을 보내고 있는가? 자신의 가능성을 의심하며 한계에 봉착한 현실에 아파하고 있다면, 나는 오히려 그런 그대에게 정말 잘 살고 있다고 격려해 주고 싶다.

인간에게 가장 필요한 건 사색과 관찰이다. 사색하게 되면 저절로 자신과 주변을 관찰하고 탐색하게 된다. 그럼 어떤 일이 자주 일어날까? 맞다. 지혜로운 사색가는 시간이 갈수록 자신의 한계를 더 많이 목격하게 된다. 좀 더 다양한 부분을 깊게 관찰하면서, 지식이 더 넓게 확장될수록 더 많은 문제가 보이기 때문이다.

헤세가 자신의 세계가 점점 과거가 되면서 쓰디쓴 죽음의 맛을 경험했다고 말한 이유는 뭘까? 매일 자신의 한계를 경험하며, 여기에서 끝나는 것은 아닐지 걱정했기 때문이다. 하지만 그는 경험을 통해 알게 되었다. 그건 자신의 불안한 마음이 만든 하나의 탄생이었다는 사실을 말이다.

자신의 의지로 다시 태어나려고 결심한 사람들은 언제나 반복해서 한계를 느낀다. 더 깊이 사색하고, 더 멀리 관찰하고, 더 깊게 탐색하게 되니, 저절로 그 과정에서 자꾸만 자신의 한계를 만나는 것이다.

그러나 자신의 현재에 만족하며 지적인 도전 없이 지내는 사람들은 한계를 만나지 못한다. 경험과 지식을 깊이 확장하려고 노력해야 자신의 한계라는 분기점을 만날 수 있기 때문이다. 그러니 만약 당신이 요즘 한계를 자주 만나고 있다면, 누구보다 잘 살고 있다고 생각하면 된다. 그 한계를 스스로 극복하는 게 매우 중요하다. 그 이유에 대해서 헤세는 이렇게 조언한다.

"살다가 중간중간 혼자서 해결할 수 없는 힘든 일이 생겨서, 내가 필요할 때가 있을 거야. 이제는 그럴 때 아무리 나를 불러도 난 너를 도울 수가 없어. 이제 그런 순간이 찾아오면, 넌 너 자신 안으로 귀를 기울여야 해."

그렇다. 내가 믿을 수 있는 사람은 오직 자신뿐이다. 세상으로부터 멀어지는 건 조금도 두려운 일이 아니다. 정말 두려운 건, 자신으로부터 멀어지는 일이다.

필사할
문장

"늘 성공 경험을 가질 수 있는 건 아니다.

나는 자주 내 삶의 한계를 느낀다.

그건 주어진 일을 할 수 없다는 신호가 아니다.

오히려 내 한계를 극복할 수 있다는

세상에서 가장 기분 좋은 신호다."

나의 현실을 직시하게 되는 순간 성장은 시작된다

05

성장하는 사람의 일상에는
일관적인 성실성과
강인한 의지가 있기에,
사랑할 만한 가치가 있고
경탄할 만한 가치가 있다.

Hermann Karl Hesse

뭐든 시작해야 성장할 수 있다. 그런데 왜 늘 시작은 어려운 걸까? 글쓰기 역시 마찬가지다. 글을 쓰겠다고 다짐한 사람 중 90% 이상은 첫 문장을 쓰지도 못하고 포기한다. 그들이 첫 줄도 쓰지 못하는 이유는 너무 많은 것을 생각해서다. 계속해서 쓰는 사람 중 첫 문장을 쓰면서 두 번째 문장을 미리 짐작하거나 고민하는 사람은 거의 없다.

　매일 원고지 50매 분량의 글을 쓰며, 120권의 책을 낸 나도 마찬가지다. 첫 문장을 쓸 때 그 문장에만 집중한다. 그렇게 생각하지 않으면 시작할 수 없다. 결코 두 번째 문장까지 계획하지도, 계획할 수도 없다. 마치 첫 문장이 모든 것인 것처럼 몰입하면, 그 몰입한 시간이 두 번째 문장의 힌트가 되고 영감을 불러온다. 그렇게 몰입해야 시작할 수 있다. 자꾸만 끝을 생각하거나 결과를 짐작하면, 누구도 자기 삶에서 '시작이라는 기적'을 펼칠 수 없다. 완벽하게 시작하려고 하지 말고, 불완전하게 시작해서 차근차근 완벽해져야 한다.

　머뭇거리며 시작하지 못하는 사람들에게 헤세는 "세상이나 타인의 명령이 아니라, 내면의 소리에 귀를 기울일 수 있는 모든 준비를 마친 상태를 유지해야 한다."라고 조언한다. 다른 것은 아무것도 필요하지 않다. 한 번도 실패를 두려워해 본 적 없고, 한 번도 손해 보는 것을 걱정한 적이 없다는 눈빛과 자세로 시작해야 한다. 중요한 건 태도다. 그것도 처음부터 끝까지 한결같은 태도가 필요하다. 그 안에 성실성과 강인한 의지만 있다면, 무엇을 시작해도 과정과 결과에 가치를 부여할 수 있다.

"사랑할 만한 가치와

경탄할 만한 가치가 있는

멋진 결과물의 탄생은

때를 기다리기만 하는 사람에게 오지 않는다.

그저 지금 이 순간 시작하면

만날 수밖에 없는 예정된 기적이다."

잘 안될 때는
제발 겸손하지 마라

06

무언가를 간절하게 소망한 후
얼마 지나지도 않아서 불안해한다면,
소망은 곧 사라진다.
일단 무언가를 소망했다면 분명한 확신을 가져라.
내가 바라는 것을 반드시 가질 수 있다는
거만할 정도의 강력한 확신을 가져라.
머지않아 그대의 소망은 현실이 될 테니까.

Hermann Karl Hesse

헤세의 글이 내게는 마치 아름다운 시처럼 느껴진다. 내면의
힘이 약해서 도움이 필요한 사람에게 손을 내밀고 힘을 주려는 아
름다운 마음이 느껴져서 그렇다. 그 마음을 느끼며 다시 한번 읽
어보라. 좀 더 극단적으로 말해서 헤세는 당당함을 넘어서, 거만할
정도로 확신을 가져야 한다고 말한다.

물론 잘될 때는 최대한 겸손해야 한다. 이유는 간단하다. 잘될 때는 가만히 있어도 저절로 비난당하기 때문이다. 게다가 잘되고 있는 현실의 상황을 세상이 이미 다 알고 있으니, 굳이 자신까지 나서서 자랑하며 비난을 두 배로 다채롭게 받을 필요가 없다. 아는 사람은 알겠지만, 잘되고 있다는 소문은 알아서 잘 퍼지기 마련이다.

하지만 잘 안될 때는 전혀 이야기가 다르다. 그때는 최대한 시끄러워야 한다. 작은 것 하나라도 "내가 이걸 할 수 있다!"라고 자랑해야 한다. 그래야 너무 작아서 눈에 보이지 않는 나라는 존재를 세상이 발견할 수 있다. 그러니 안될 때는 자신을 마구 자랑하라. 사소한 성과 하나라도 치열하게 알려라. 그럴 때 겸손은 자신을 향한 불신이자 사기이며, 삶에 대한 예의가 아니다. 빈 수레가 왜 요란한지 알고 있나? 아무것도 가진 게 없으니 억지로 시끄럽게 만들며 "내가 여기에 있다!"라고 알려야 겨우 살아남을 수 있기 때문이다.

"잘 안될 때는 오직,

자신만 생각하며 살아야 한다.

그런 자신을 부끄럽게 생각하지 마라.

거만할 정도의 확신을 갖고 달려라.

서툰 겸손은 오히려 최악의 사치다."

꾸밈없고 자연스러운 점이
매력이라는 말에 대하여

07

인내는 모두에게 어렵다.
인내는 우리 인간에게
가장 어려운 과정인 동시에
배울 가치가 있는 일이다.

Hermann Karl Hesse

정말 중요한 부분이다. 간혹 연기자나 가수, 혹은 강연가 등 대중 앞에서 무언가를 보여주며 자신의 가치를 전하는 사람들을 보면 이런 호평을 한다.

"꾸밈없고 자연스러운 게 저 사람 매력이네."

"어쩌면 저렇게 자연스럽게 연기를 할까?"

"서빙하며 응대하는 모습이 참 자연스럽네."

일상에서, 혹은 방송에서, 그리고 식당에서 우리는 이런 장면을 자주 목격한다. 이 말만 들어보면 마치 그들이 그 분야에서 타고난 사람처럼 느껴진다. 하지만 대부분의 경우 완전히 그 반대일 가능성이 높다. 해본 사람이라면 다들 알겠지만, 뭐든 자연스럽게 해내는 게 가장 어렵다. 이유는 간단하다.

꾸밈없는 게 최고 단계로 꾸민 수준이며, 자연스러워지려면 엄청나게 부자연스러운 과정을 치열하게 반복해야 한다. 그들은 자연스럽게 웃기 위해 부자연스러운 표정을 없애려 수없이 노력했고, 자연스럽게 연기하기 위해 무대 위에서 치열한 연습의 시간을 보냈다. 서버 역시 마찬가지다. 어색하고 부자연스러운 동작을 끝없이 수정하고 연습해서 물 흐르듯 자연스럽게 서빙하게 된 것이다.

그래서 헤세는 자연스럽게 될 때까지 포기하지 않고 견뎌내는 인내의 가치를 강조한다. 인내는 가장 해내기 어려운 일인 동시에 인간이 반드시 배워야 하는 가치다. 어떤 꾸밈도 없이 자연스럽게 무언가를 멋지게 해내는 사람이 주변에 있다면, 그의 삶에서 배울 점을 찾는 태도를 가져라.

"뭐든 자연스럽게 해내려면

미치도록 부자연스러운 시간을

웃으며 견뎌내야 하고,

꾸밈없는 모습으로 뭔가를 해내는

가장 순수한 모습을 보여주려면

바닥에서 한 발 한 발 나아가 차근차근

성장하는 시간이 필요하다."

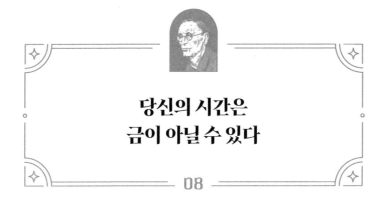

당신의 시간은
금이 아닐 수 있다

08

언제나 용서하는 마음으로
타인을 대해야 하고,
반대로 자신을 대할 때는
좀 더 엄격해져야 한다.

Hermann Karl Hesse

헤세는 "아는 척하고 비난하는 사람이 아니라, 사랑의 마음으로 인내하며 용서할 줄 아는 사람이 늘 성장을 거듭했다."라고 말했다. 하지만 우리는 자신을 대할 때는 조금 더 엄격해져야 한다. 매우 중요한 이야기다.

"시간이 금이다."라는 말이 있다. 그러나 여기에 시간 관리의 함정이 있다. 안타깝게도 모두의 시간이 전부 금처럼 귀한 건 아니다. 이를테면 100의 능력을 갖춘 사람과 1의 능력을 갖춘 사람의 시간의 가치는 다르다. 그래서 1의 능력을 갖춘 사람은 다음 2가지 사실을 인식해야 한다.

1. "내 시간은 현재 금이 아니다."라는 현실 인식.
2. "금처럼 귀하게 되려면 어떻게 해야 하나?"라는 질문.

확실하게 현실을 인식하고, 맹렬하게 자신에게 묻는 일상이 필요하다. 이렇게 하지 않고 능력이 1인 상태에서 노력만 하면, 결국 이런 한탄만 하면서 삶이 끝난다.

"왜 같은 시간을 투자했는데, 저 사람은 되고 나는 안 되는 거야? 세상은 정말 불공평해!"

세상은 그대에게만 불공평한 것이 아니다. 내가 헤세의 말에 크게 공감한 이유가 바로 여기에 있다. 그는 타인을 대할 때는 용서하는 마음으로, 반대로 자신을 대할 때는 엄격해져야 한다고 강조했다. 이는 같은 분야에서 경쟁하는 수많은 사람이 얼마나 노력하고 있는지, 나의 시간과 그들의 시간이 얼마나 다르게 움직이는지를 제대로 파악하라는 신호와도 같다. 결과가 같지 않은 이유는, 극단적으로 말해서 그 사람의 시간과 당신이 가진 시간의 가치가

100배 이상 차이가 나서다.

지금 글을 쓰기 시작한 후배가 30년 이상 글쓰기를 반복한 선배들과 같은 시간을 투자한다고 유사한 수준으로 글을 쓸 수 있을까? 절대로 그런 일은 일어나지 않을 것이다. 나도 처음 글을 쓸 땐, 먼저 시작해서 대가가 된 선배들보다 몇 배 많은 시간을 투자했다. 나의 시간과 그들의 시간은 다르게 돌아간다는 사실을 알고 있었기 때문이다. 세상이 말하는 시간을 금으로 여기며 사는 것은 훗날 대가가 된 후에 생각할 부분이고, 지금은 시간을 버려도 될 푼돈처럼 여기고 자신을 위해 모두 써야 한다.

필사할 문장

"하나의 세계로 태어나고 싶다면,
뭐든 이것저것 시작해서 경험해야 한다.
10배 혹은 100배 이상의
농밀한 노력을 투자해야
비로소 나의 세계를 구축할 수 있다."

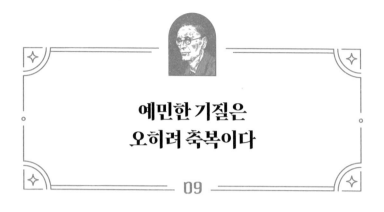

예민한 기질은
오히려 축복이다

09

어떤 감정도 사소한 건 없다.
모든 감정은 다 나름의 가치가 있다.
좋은 건 어디에나 존재한다.
증오와 시기, 그리고 질투까지도.

Hermann Karl Hesse

자신이 가진 성향과 태도, 생각을 믿지 못하는 사람들에게 헤세는 조언한다.

"삶의 다양한 스승으로부터 그대는 무엇을 배우려고 했나. 그리고 그대가 가르침을 원했지만, 많은 것을 가르쳐 주었던 그들이 도저히 가르치지 못한 것이 무엇인가. 그건 바로 '너 자신의 의미와 존재의 본질'이다. 자신을 모르니 자신을 극복하지 못한 것이다."

주변을 보면 예민한 기질을 갖고 있는 사람 대부분이 자신을 바꿔야 한다고만 생각한다. 하지만 헤세의 말처럼 자신에 대한 이해와 믿음을 가진 사람은 조금 다른 선택을 한다.

많은 사람이 스마트폰 사용을 줄여야 한다고 외친다. 그래야 하루를 좀 더 생산적으로 살 수 있다고 생각하기 때문이다. 하지만 내 경우에는 전혀 그렇지 않다. 나는 따로 부팅이 필요 없는 스마트폰을 통해서 원고의 90% 정도를 집필하고 있다. 나에게 스마트폰은 생산성을 극도로 높여주는 고마운 존재다.

물건도 그렇지만 감정 또한 세상에 나쁘기만 한 건 없다. 좋게 활용할 안목이나 방법이 따로 없을 뿐이다. 헤세도 이에 공감하며 증오와 시기, 질투까지도 모두 나름의 가치가 있다고 말했다. 이렇게 생각을 바꾸면 예민한 기질에서도 얼마든지 장점과 가치를 찾을 수 있다.

1. 사소한 것 하나라도 세심하게 관찰한다.
2. 공통점과 차이점을 누구보다 빠르게 발견한다.
3. 신중하고 감각적이라서 결과가 늘 기대된다.

4. 어디에서든 고칠 부분을 찾아낼 수 있다.

5. 좀 더 완벽해질 수 있어서 계속 성장한다.

6. 쉽게 만족하지 못해서 공부를 멈추지 않는다.

7. 독특해서 특별하고, 누구보다 디테일에 강하다.

헤세는 "사랑을 받는 것이 아닌, 사랑하는 것이야말로 행복이다."라고 말한다. 작은 것 하나에도 마음을 쓰는 예민한 기질이야말로 세상을 사랑하는 마음이라고 볼 수 있다. 이런 장점이 자신에게 있다고 생각하며 세상을 바라보면, 오히려 남들보다 더 행복하게 살 수 있다.

필사할
문장

"예민한 기질은 결코 단점이 아니다.

누구보다 세심하게 세상을 관찰하며

완벽을 추구하는 태도를 가진 사람만이

누릴 수 있는 하루를 살 수 있으니까."

실패와 착오를 반복할 때는
생각을 이렇게 바꿔라

10

그대의 인생이 자꾸만 흔들리며
자리를 잡지 못하는 이유는
사소한 잡무나 쓸데없는 고민,
혹은 그대에게 전혀 맞지 않는 일에
소중한 시간을 허비하거나
정신을 소모하고 있기 때문이다.

Hermann Karl Hesse

하나 묻는다. 그대는 지금 집중할 가치가 있는 일에 시간을 투자하고 있는가? 이건 매우 중요한 질문이다. 집중해서 시간을 투자했지만, 실패와 착오가 반복해서 일어난다면 반드시 짚고 넘어가야 한다. 독서할 때도 마찬가지다. 어떤 사람은 한 달에 1권만 읽어도 급격하게 성장이 이루어지지만, 어떤 사람은 한 달에 10권을 읽어도 전혀 성장하지 못한다. 이유가 뭘까? 헤세의 말처럼 사소한 것이나 쓸데없는 곳에 신경을 쓰며 자신의 집중력을 소모하기 때문이다.

무엇을 읽어도 급격한 성장을 이루어내는 사람들은 자신이 읽는 책에서 경탄할 부분을 찾지만, 반대의 경우에는 반박할 부분이나 오류만 찾는다. 찾는 지점이 다르니 도착한 곳도 다를 수밖에 없다. 그대는 세상이 주는 에너지를 경탄하며 내면에 담으려고 사는가, 아니면 비난하며 반박하기 위해서 사는가? 열심히 살고 있지만 자꾸 실패와 착오를 반복할 때, 반드시 이렇게 생각을 바꾸는 게 좋다. 그래야 반박과 오류를 찾는 삶이 아닌 경탄하는 삶을 살 수 있다.

1. 스스로 이해할 수 없는 건 실천에 옮기지 마라.

2. 설명할 수 없는 것을 안다고 말하지 마라.

3. 쉽게 배울 수 없다고 말하는 사람에게 가서 배워라.

4. 일의 의미는 그만 찾고 지금 하는 일에 무섭게 몰입하라.

5. '스스로 말하기 쉽게'가 아니라 '상대가 이해하기 쉽게' 말하라.

6. 표정이 일의 결과를 결정하니 자신 있는 표정으로 바꿔라.

7. 세상에 당연한 건 아무것도 없으니 작은 단서 하나까지 찾아라.

8. 매일을 마지막이라고 생각하면 수천 번의 인생을 살 수 있다.

9. 들을 가치가 있는 말을 반복해서 듣는 게 바로 경청이다.

10. 이미 아는 것이라고 대충 넘기면 깨달을 기회를 평생 놓친다.

우리는 많은 것을 배웠다. 하지만 여전히 더 배울 것이 남아 있다. 그리고 꼭 이 사실을 기억해야 한다. 우리는 쳇바퀴처럼 주변을 맴돌고 있는 게 아니고, 위로 올라가고 있다. 그대는 실패한 게 아니라, 조금 더 위로 올라가는 과정에 있다. 이 한마디로 흔들리는 그대의 마음을 잡아라.

필사할 문장

"나는 언제나 경탄할 것들을 찾는다.

그것만이 내게 집중할 가치를 주고,

내 시간을 소모하지 않으며

생산성을 극도로 높여준다."

갑자기 주변에
화낼 일이 많아진다는 건

11

고통과 실망, 그리고 우울한 감정은
우리를 짜증 나게 하거나 격을 낮춰
인간의 존엄성을 빼앗기 위해
존재하는 것이 아니다.
우리를 성숙하게 하고
변화시키기 위해 존재한다.

Hermann Karl Hesse

헤세의 조언이 참 아름답다. 사람에 관한 공부, 세상과 온갖 지식에 대한 치열한 연구와 사색 없이는 도저히 나올 수 없는 말이라서 그렇다. 우리는 보통 고통과 실망, 그리고 우울한 감정을 부정적인 것으로 여기고 벗어나려고만 한다. 하지만 그건 착각이다. 그의 조언처럼 그런 것들은 우리를 짜증 나게 하거나 인간성을 빼앗기 위해 존재하는 것이 아니라, 좀 더 높은 수준으로 우리를 이끄는 재료와도 같다. 이게 대체 무슨 말이냐고 물을 수 있다.

혹시 요즘 화낼 일이 많아지고 있나? 원래 그런 사람이 아닌데 갑자기 이상하게 주변에 화낼 일이 많아진다는 건, 헤세의 관점에서 매우 좋은 징조다. 나의 지적 수준이 높아진 덕분에 기존에 형성했던 인연들과 언어 수준이 맞지 않아서 생긴 문제이기 때문이다. 이제는 그들의 생각과 그들이 구사하는 언어는 내가 살아갈 공간에 존재하는 것들이 아니다. 원래 그렇지 않았지만 최근 갑자기 화낼 일이 많다는 건, 내게 맞는 다른 사람을 만나기 위한 준비 과정이라고 봐야 한다.

그건 내가 나쁜 사람이거나 반대로 상대에게 잘못이 있어서가 아니다. 그저 서로 각자 자신에게 맞는 사람을 찾아가는 피할 수 없는 과정이라고 보면 된다. 그래서 갑자기 주변에 화낼 일이 많이 생길 때는 걱정하거나 반성할 필요가 없다. 내게 더 잘 맞는 사람들을 찾는 과정이라고 생각하며 지금처럼 일상에 집중하면 된다. 우리를 더욱 성숙하게 하는 모든 변화는 고통과 실망, 그리고 우울한 감정을 함께 몰고 찾아온다.

"노력하는 모든 사람은 살면서

최소한 3번 이상 지적으로 상승한다.

그 시기에 갑자기 화낼 일이 많아지지만,

그건 자신에게 더 잘 맞는 사람을 찾는

아름다운 만남의 과정이다."

좋아하는 일을 시작하면
결국 성공하는 이유

12

그대의 운명은 그대를 사랑한다.
그대가 자신에게 충실하다면,
머지않아 그대의 운명은
그대가 꿈꾸는 대로
그대만의 것이 될 것이다.

Hermann Karl Hesse

"좋아하는 일을 해도 성공할 수 있을까요?"

"제가 너무 철이 없는 게 아닐까요?"

"당장 돈이 되지 않는데 시간 낭비가 아닐까요?"

이런 방식의 질문은 헤세가 살았던 시절에도 많았다. 그때마다
그는 답답한 마음을 느꼈다. 우리는 모두 자신에게 주어진 운명을

사랑해야 한다. 운명이란 곧 좋아하는 일을 말하는 것인데, 대부분은 그걸 알아차리지 못하고 사는 내내 의심만 하기 때문이다. 이에 실제로 자신의 운명을 사랑하는 마음으로 대해서 좋아하는 일로 성공한 사람을 소개한다. 그가 살았던 시간별로 구분해서 설명하니, 영화를 감상하듯 눈으로 그리며 읽어보라.

1. 2024년 〈흑백요리사〉로 최고의 인기를 얻은 안성재 셰프가 요리 경력이 거의 없었던 과거 시절, 미국 LA에 있는 고급 일식당에서 일하고 싶어서 찾아갔다.
2. 그러나 일본인 셰프만 구한다는 말에 돌아와야만 했다.
3. 하지만 다음 날 그는 다시 찾아가서 꼭 일하고 싶다고 했다. 그러나 역시 거절당했다.
4. 그는 그다음 날 또 찾아가서 정말 하고 싶은 일이라고 사정했다.
5. 계속해서 찾아오니 식당에서는 '이러면 다시는 안 오겠지?'라는 생각에 무리한 제안을 했다.
6. "좋다. 하지만 월급은 없다. 무급으로 일한다면 받아주겠다."
7. 그는 바로 좋다고 답하며 일을 시작했다. 미래가 불안했지만, 좋아하는 일이라 최선을 다했다.
8. 2주일 만에 기적이 일어났다. 자기 일에 최선을 다하는 모습에 감동한 식당 주인이 그에게 월급을 주겠다고 말한 것이다.

9. 다시 2년이 지난 후, 그는 헤드 셰프가 출근하지 않아도 모든 것을 다 해낼 수 있을 정도로 성장했다. 그 결과 지금 우리가 아는 안성재 셰프가 되었다.

10. 그는 자신의 성공 요인에 대해서 이렇게 답한다. "아무나 할 수 있는 게 아니라면, 내가 하면 되지 않을까?"

필사할
문장

"나는 내 운명을 사랑한다.

내가 좋아하는 일에 최선을 다하며

충실하게 사는 동안,

내 운명도 그런 나를 지지할 것이다.

내가 내 운명을 사랑하면,

내 운명도 나를 사랑한다."

현재가 안락하게 느껴질 때
삶에 보이는 신호들

13

일단 큰 소리로
말하고 나면,
세상 모든 일이
그리 어렵지 않아진다.

Hermann Karl Hesse

"그거 누가 모르냐!", "나도 다 아는 거야." 상대를 설득하거나 자신의 의견을 제시할 때, "내가 해봐서 아는데."라는 표현을 자주 사용하는 사람이 있다. 하지만 그 말을 사용한 대화를 통해서 원하는 결과를 얻었다는 사람의 소식은 별로 들어본 적이 없다. 이유가 뭘까? 간단하다. 듣기만 해도 저절로 기분이 나빠지는 표현이라서 그렇다. 여기에는 분명한 이유가 있다. 짧은 한마디이지만, 더 짧게 나눠서 분석하면 이렇다.

'해봐서' → '넌 안 해봤잖아'
'아는데' → '넌 모르잖아'

종합하자면 이렇다. "난 해봐서 알고 있으니까, 안 해봐서 모르는 너는 제발 조용히 듣기나 해!"

"내가 해봐서 아는데."라는 말은 누구나 쉽게 생각할 수 있는 말이다. 아니, 굳이 생각할 필요 없이 가장 손쉽게 꺼낼 수 있는 수준 낮은 말이다. 쉽게 나온 모든 것은 답이 아닐 가능성이 높다는 진리를 기억하자. 좋은 말과 표현은 두 번 이상 생각해야 비로소 자신을 허락하기 때문이다.

이렇게 점점 쉬운 표현에 익숙해지고, 나도 안다는 말을 자주 외치며 과거의 작은 성취에 여전히 도취해 있는 상태라면, 자신이 지금, 현재가 주는 안락함에 안주하고 있다고 자각해야 한다. 반대로 과거의 자신에게서 벗어나 매일 좀 더 성장하는 사람들은 이렇게 말한다.

"그렇구나. 난 이런 생각도 해봤어."
"그거 해보니까 이런 기분이 들더라."

"한번 들어볼래? 내 느낌은 이랬어."

헤세의 조언을 다시 읽어보라. 어렵지 않다. 크게 소리치고 나면, 나머지 문제는 스스로 해결될 것이다. 인간은 누구나 자기 자신이 되기 전에 무너뜨리지 않으면 안 되는 삶의 지지대가 존재한다. 그간 내 삶의 지지대 역할을 해준 것을 스스로 무너뜨려야 해서, 헤세가 그렇게 강조하는 자기 자신이 되는 게 힘든 것이다. 이게 사라지면 나도 사라질 것 같다는 막연한 의심이 들어서다. 대부분은 그렇게 스스로를 믿지 못해서 평생 자기 자신이 되지 못한 채 인생을 허비한다.

필사할
문장

"안락한 현실에 안녕을 고하자.

나도 안다는 말은 위험하다.

과거의 성취도 모두 잊자.

오늘부터 나는 어제의 나를 잊고

모른다는 생각으로 하루를 시작한다."

아무리 힘들어도
자신의 가치를 할인하지 마라

14

모든 이야기는 전혀 다르게 해석할 수 있다.
우리가 배우는 대부분의 것들은 옳다.
하지만 누구든 선생이 설명하는 것과는
전혀 다른 시선으로 볼 수 있으며,
이를 통해 더 나은 의미를 깨닫게 된다.

Hermann Karl Hesse

"할인합니다!" 지금도 각종 마트에서 반복적으로 진행하는 모습이다. 할인은 참 좋다. 그런데 문제는 바로 여기에 있다. 한 번 할인한 상품은 조금만 기다리면 결국 또 할인한다는 것이다. 할인에는 다양한 이유가 있겠지만, 한 번이라도 할인한 가격에 그 상품을 샀던 경험이 있는 소비자들은 정상 가격에 그 제품을 구매하지 않는다. 이제 그들에게 정상 가격은 본래 가격이 아닌, 할인한 가격으로 정해졌기 때문이다.

반대로 결코 할인하지 않는 상품도 있다. 중간중간 할인에 대한 유혹이 있었지만, 참고 또 참고 내실을 기하며 상품의 질을 차근차근 올린 결과 이제는 자신의 가치를 스스로 정할 수 있는 수준에 도달한 상품이 바로 그 주인공이다. 이제 할인하지 않아도 제값에 알아서 잘 팔리니, 굳이 스스로 가격을 낮출 필요가 없다.

인간의 성장도 이와 다르지 않다. 당장 사는 게 어렵고 급해서 자신의 가치를 낮춰서 할인하게 되면, 사람들은 이제 당신의 가치를 할인한 가격으로 보게 된다.

어떻게 하면 자신의 가치를 제대로 파악해서 세상에 알리고 주장할 수 있을까? 그건 헤세가 자신의 삶으로 보여줬다. 헤세를 아는 사람들은 그를 어려운 성격을 지닌, 수줍은 사람으로 표현한다. 그는 혼자 있는 것을 좋아했고, 자기 내면을 들여다보는 데 많은 시간을 보냈다. 그는 독창적이고, 고립되었으며, 불안정한 사람이었다. 왜 그런 삶을 살았을까?

앞서 언급한 것처럼 그는 같은 이야기도 얼마든지 다른 시각으로 바라볼 수 있으며 이를 통해서 다른 가치를 만들 수 있다고 생각했다. 그래서 혼자만의 시간을 가지면서 독창적인 사람이 되려고 했던 것이다. 자신을 낮은 가격에 팔지 않으려면, 스스로 높은 가치를 지닌 사람으로 다시 태어나야 한다. 그런 삶을 살고 싶다면, 과거의 모든 것을 버리고 혜세의 방법을 일상에서 실천해 보라.

"자신의 가치는 스스로 지켜내야 한다.

가치를 정하는 건 쉬운 일이지만,

유혹을 이겨내고 자신을 지켜내려면

고도의 자제력과 높은 자존감이 필요하다.

더 높게 그리고 멋지게 성장하고 싶다면,

자신의 가치를 할인하지 마라."

새로운 탄생과
현존하는 모든 것의 붕괴

15

나는 항상 믿는다.
그리고 여전히 믿는다.
우리가 일상에 바친 정성은
다른 가치로 변형이 되어
좋거나 나쁜 운명으로
우리의 생에 다가온다는
아주 놀라운 사실을.

Hermann Karl Hesse

헤세의 말은 시처럼 아름답고 함축적이다. 모든 이의 일상은 정성으로 이루어져 있다. 누구나 공들여서 하루를 산다. 다만, 좋은 정성과 나쁜 정성이 존재한다. 세상에는 굳이 나쁜 것들을 자신에게 주는 어리석은 인생도 있으니까. 헤세는 익숙하지 않은 와인을 마시며, 내면에서 이루어지는 변화에 대해서 이렇게 표현했다. 하나, 금세 말이 엄청나게 많아졌다. 둘, 내 안의 창문이 모두 활짝 열렸고, 마침내 온 세상이 안으로 들어온 것처럼 느꼈다.

인생도 와인을 마시는 것과 닮았다. 살면 살수록 말이 많아지고, 그 말은 나가서 자신과 닮은 것들을 데리고 다시 내게 돌아와 내면에 가득 쌓인다. 좋은 운명을 스스로 개척하고 싶은 당신에게, 조금이라도 젊을 때 깨달으면 좋은 5가지 인생의 진리를 소개한다.

1. 젊을 때는 각종 노래의 리듬과 멜로디를 즐기지만, 나이가 들면 점점 가사가 들리기 시작한다. 이해한 풍경과 경험한 이야기가 점점 늘어나기 때문이다. 이해하게 되면 보이는 게 많아진다.

2. 여기저기 아는 사람이 많은 게 최고인 줄 알았다. 그렇게 폭넓은 인간관계가 최고인 줄 알았지만, 결국 관계는 넓히는 게 아니라 좁히는 거라는 관계의 본질을 실감하게 된다.

3. 치킨이나 돈가스 등 튀긴 음식은 소화가 잘되는 젊은 시절에 많이 먹어둬야 한다. 그렇게 모든 일에는 순리가 있어서, 반드시 그때그때 해야만 하는 일이 있다.

4. 재능이 오히려 사람을 망치는 모습을 목격하며, 때로 인간을 망치게 하는 건 타고난 재능일 수 있다고 생각하게 된다. 성실하게 하루하루 살아가며 끝없이 무언가를 쌓아가는 삶의 가치는 생각보다 위대하다.

5. 깨달음, 정서, 예술, 경제 등 모든 분야의 성장은 결국 언어에서 시작한다는 사실을 깨닫게 된다. 내 언어의 한계가 내 세계의 한계이며, 나는 내 언어 수준에 맞는 풍경과 환경에서만 살 수 있다.

새롭게 탄생하려면 기존의 질서를 깨야 한다. 새로운 탄생과 현존하는 모든 것의 붕괴로 나는 내게 더 가까이 다가설 수 있다.

"말과 행동을 조심해야 한다.

그것들은 곧 자신과 닮은 것을 데려와서

나의 내면에 차곡차곡 쌓고

내가 누군지를 증명하기 때문이다.

그 사실을 빠르게 깨달아야

더 근사한 모습으로

나답게 태어날 수 있다."

김종원의 세계철학전집
✕
헤세 for 탄생

2장

언어 깨뜨리기

Hermann Karl Hesse

한계를 극복하고 싶다면
언어를 먼저 극복하라

16

단어와 글
그리고 책이 없다면,
세상에는 역사도 없을 것이고
인간성이라는 개념도
존재하지 않았을 것이다.

Hermann Karl Hesse

"정말? 대박!.", "와, 소름.", "찢었네! 진짜 대박이다."

옆 테이블에서 매우 큰 소리로 이야기를 나눠서 대화 내용을
들을 수밖에 없었는데, 90분 동안 식사를 하면서 내가 가장 자주
들었던 말이다. 엄청나게 큰 소리로 무려 90분이나 대화를 나누며
그들이 내뱉은 말의 단어는 이게 전부였다. '정말', '대박', '소름',

'찢었다'. 게다가 그들은 연기를 배우는 학생들이었는데, 표현력이 늘지 않는 자기 연기력에 대해서 고민하고 있었다. 나는 잠시 곁에 앉아 있어도 그 이유를 정확하게 알 것 같았다. 하지만 그들만이 사실을 모르고 있었다.

"나의 언어가 나의 한계를 증명한다."

매우 슬픈 사실이다. 언어 능력이 떨어지는 사람은 자신의 언어를 측정할 능력이 없어서, 자신에게 어떤 문제가, 어느 부분에 있는지도 모르고 산다. 이건 마치 센스가 없는 사람이 자신이 센스가 없다는 사실을 알아차릴 센스가 없어서, 평생 센스 없는 사람으로 살아갈 수밖에 없는 슬픈 이치와도 같다.

헤세 역시 이 세상에 단어와 글 그리고 책이 없다면 인간의 역사와 인간성이라는 개념조차 존재하지 않았을 거라고 말했다. 우리는 처음 만나는 사람이라도 그가 구사하는 언어를 들으면, 그가 살았던 역사와 인간성까지도 짐작할 수 있다.

자, 자신의 하루를 돌아보라. 지금 당신은 어떤 생각과 행동을 반복하며 살고 있는가? 만약 당신이 기품 있는 생각과 행동을 하고 있다면 자연스럽게 입에서도 기품이 넘치는 언어가 나올 것이다. 좋은 언어를 쓰려고 굳이 배울 필요는 없다. 그렇게 생각하고 행동하면 저절로 이루어질 수밖에 없다.

그리고 하나 더 기억하라. 우리는 진실을 말할 때는 소리에 별로 신경을 쓰지 않지만, 거짓을 말할 때 유독 크게 소리친다. 삶으로 제압할 수 없을 때, 자꾸만 소리로 제압하려고 든다. 진짜를 만나고 싶은가? 소리가 커지면 가짜다. 조용히 움직이는 것을 보라. 거기에 진짜가 숨어 있다.

아부를 잘하는 사람, 그 자체가 나쁜 게 아니다. 이면을 봐야 진실이 보인다. '아부의 언어'를 자유자재로 활용하는 사람은 반대로 '험담의 언어' 역시 자유자재로 활용할 줄 안다는 공통점이 있다. 정리하면 이렇다. 지금 당신에게 아부하는 사람은, 등을 돌리면 반대로 험담할 수도 있다는 뜻이다. 극과 극의 언어는 서로 맞닿아 있다. 그런 언어의 본질과 이치를 기억하라.

그래서 언어의 한계를 극복하려면 주변을 좋은 사람으로 채워야 한다. 또한 좋은 사람과 인연을 맺으며 수준 높은 인생을 살고 싶다면, 당신이 알고 있는 가장 좋은 언어를 자주 사용하며 살아야 한다. 스스로 듣기에 좋은 언어는 그걸 듣는 사람의 기분도 좋게 만들고, 그렇게 계속 좋은 언어를 쓰다 보면 답답한 현실을 아름답게 벗어날 지혜까지 얻게 해준다. 좋은 언어는 세상의 모든 지식을 흡수하는 '지혜의 창고'라고 볼 수 있다.

"나의 한계를 극복하려면

언어라는 한계를 먼저 극복해야 한다.

좋은 언어가 좋은 인생을 만들고,

기품 있는 언어가

기품이 넘치는 인생을 만든다.

나의 언어가 곧 내가 걸어갈 길이다."

의식 수준을 높이려면
이 말을 버려야 한다

17

그대는 앞으로 인생이라는 게임을
원하는 대로 계획할 수도 있고,
상상 이상으로 발전시키고 풍요롭게 만들 수도 있다.
그러나 완전히 망쳐버릴 수도 있다.
이 모든 것은 전적으로
그대의 손에 달려 있다.

Hermann Karl Hesse

같은 일도 사람에 따라서 다른 결과가 나오는 이유는 결과 대부분이 개개인의 의식 수준에 달려서다. 헤세의 말처럼 우리는 의식 수준에 따라서 같은 것을 풍요롭게 만들 수도, 반대로 완전히 망칠 수도 있다. 이렇듯 모든 일에는 결과가 있으며, 그 수준도 제각각이다. 그래서 필요한 것이 바로 의식 수준의 향상이다.

수많은 요인이 있겠지만 결국 그 사람의 의식 수준이 곧 그 사람이 만날 결과의 수준까지 결정한다. 재능과 태도, 언어와 지성 등 그 사람의 모든 것은 결국 의식 수준에 의해서 작동한다. 그럼 의식 수준을 높이려면 어떻게 해야 할까? 간단하다. 바로 인생에서 "평범한 사람이 그걸 하려면 어떻게 해야 할까요?"라는 말을 삭제하면 된다.

예를 들어 설명하면 이렇다. 내가 사색의 중요성에 관해서 설명하면 대부분 이렇게 질문한다.

"평범한 사람이 사색을 하려면 어떻게 해야 할까요?"

의식 수준이 높은 사람은 이 말이 앞뒤가 전혀 맞지 않는다는 사실을 안다. 안타깝지만 '평범한 사람'은 '사색'이 불가능하기 때문이다. 사색을 시작하려면 독서와 글쓰기를 통해 오랫동안 스스로를 특별하게 만드는 시간이 필요하다. 그 과정을 모르거나 무시하려는 사람의 질문은 언제나 공허하다. 마치 이런 말과 같다.

"돈은 없지만 빌딩을 살 수 있을까요?"

"입장권이 없지만 입장할 수 있을까요?"

어떤가? 이제 헤세의 말이 무엇을 뜻하는지 감이 올 것이다. 모든 것은 전적으로 자신의 손에 달렸다. 누군가 귀한 가치를 얻은 경험에 대해서 알려주면 당장 시도하려는 마음을 갖기보다, 우선 상대가 지금까지 보낸 치열한 과정을 생각하며 그걸 할 수 있는 자신을 만들겠다는 다짐을 해야 한다. 자신의 의지로 태어나 진짜 인생을 살고 싶다면, 그 마음이 진짜 간절하다면 꼭 기억하자.

"의식 수준을 높이려면

수많은 타인이 통과한 과정을 봐야 한다.

당장 그처럼 되려는 생각에서 벗어나

고통스러운 과정을 볼 때,

나의 의식 수준은 높아진다."

당신의 삶과
언어 수준을 높이는 생각들

— 18 —

신은 그대를 죽이기 위해서가 아니라,
그대 안의 새로운 세계를 일깨우기 위해
절망을 내려보낸 것이다.

Hermann Karl Hesse

　헤세가 조언한 것처럼 내 안에 잠든 가능성을 찾으려면 우리에게 절망이 찾아온 이유는 나를 죽이기 위해서가 아니라, 가능성이라는 새로운 세계를 일깨우기 위해서라는 사실을 자각해야 한다. 일단 그렇게 마음의 태도를 바꿔야 삶과 언어 수준을 높이는 본격적인 변화를 시작할 수 있다. 다음 6가지 조언을 천천히 읽으며 내면에 담아보라.

1. 최선을 다해서 살아라. 하지만 그게 몸이 부서지도록 일하라는 말은 결코 아니다. 부서지도록 일하는 사람은 결국 곧 부서지기 마련이다.

2. 인생이 생각하는 대로 이루어지지 않는 이유는, 인생이 알 수 없는 것이라서가 아니라 생각이 분명하지 않아서다. 생각이 선명해지면 인생도 분명해진다.

3. 이제 그만 찾아라. 삶은 무언가를 찾는 게 아니라, 내가 가진 것을 보여주는 과정이다. "내게 무엇이 있는가?" 그 질문에 대한 답을 지금부터 세상에 알려라.

4. 세상이 내게 뭐라고 묻든 그건 그다지 중요하지 않다. 정말로 중요한 건 자신에게 묻고 스스로 답하는 삶의 반복이다. 스스로 묻고 답하면 생각의 수준도 높아진다.

5. 시작이 반이다. 그리고 자기 자신을 믿는 사람은 이미 절반은 성공한 것이다. 그러면 이제 이야기는 간단하다. '자신을 믿는 사

람의 시작'은 시작 그 자체가 이미 성공이다.

6. 가능하다고 생각하는 곳에 사라지지 않는 희망이 있고, 더 나은
것을 찾으려는 시선 안에 변하지 않는 믿음이 존재한다. 가능하
다고 생각하며 더 나은 것을 찾아라. 믿음과 희망이 당신을 도울
것이다.

"더 큰 내가 되려면

더 큰 나를 상상해야 하고,

더 크게 상상하려면

언어의 수준을 높여야 한다.

언어의 격차가 곧 삶의 격차이며,

언어의 크기가 곧 나의 크기를 결정한다."

'그것도 좋지만'이라는 표현만 버려도
삶의 수준이 달라진다

19

대화에서 완전히 새로운 것이나,
놀라운 것이 나오는 경우는 별로 없다.
그러나 나는 가장 진부한 대화에서도
꾸준한 망치질을 통해서
내 마음속의 한 점을 계속 두드렸다.
모든 대화가 내 세계의 형성에 도움이 되었다.
모든 대화가 내 오래된 허물을 벗기고
껍데기를 파괴하는 일에 도움이 되었다.

Hermann Karl Hesse

대화는 좋은 것이다. 다만 모든 대화가 그런 것은 아니다. 이를
잘 알고 있던 헤세는 모든 대화가 새로운 세계의 형성에 도움이
될 수 있도록 세심하게 접근했다. 이를테면 이런 방식이다. 대화
를 나누다 보면 일상에서 '그것도 좋지만'이라는 표현을 자주 듣
게 된다. 상대가 1이 좋다고 하면, "1도 좋지만 2는 어때?"라고 묻

는 것이다. 하지만 이런 표현을 자주 쓰는 사람은 다음 3가지의 단점이 있다는 사실을 증명하는 셈이다.

1. 공감력이 부족하다.
2. 가르치려는 마음을 갖고 있다.
3. 상대방을 인정하지 않는다.

매우 중요한 내용이다. 대부분 이런 방식의 표현 때문에 대가와 오랫동안 대화를 나눠도 성장하지 못한다. 사는 내내 성장하는 사람에게는 뛰어난 공감력이 있으며, 가르치려는 마음이 아닌 함께하려는 마음이 있다. 또한 나이와 지위 혹은 학력과 전혀 상관없이 인정하는 마음을 갖고 있다. 그래서 그들은 '그것도 좋지만'이라는 표현을 거의 쓰지 않는다.

그러면 뭐라고 해야 할까? 이 역시 매우 중요한 지점이다. 그들은 '그것'에서 멈춰서 묻는다.

"그게 좋구나?"

그럼 반복해서 질문이 쏟아지며 연결된다.

"거기에서 어느 부분이 좋았어?"

"너라면 그걸 어떻게 만들었을 것 같아?"

그렇게 상대를 향했던 질문은 결국 마지막에 내게로 와서 뜨겁게 안긴다.

"내 일에도 그걸 적용하려면 어떻게 해야 할까?"

대화를 나누는 상대도 중요하지만, 그를 대하는 나의 태도와 언어는 더 중요하다. 꾸준한 망치질을 어디에 할 것인지, 내가 구상하는 세계는 무엇인지, 이 모든 것에 대한 답을 내린 후에야 비로소 우리가 나누는 대화는 내 허물을 벗겨줄 것이다.

"늘 질문하고 탐구하며 배우는 사람이 되려면,
'그것'에서 멈추고 질문해야 한다.
'그것도 좋지만'이라는 비공감에서 나온 말로는
멈추지 않는 성장을 기대할 수 없다.
'그것도 좋지만'이라는 표현을 버리고 살아보자.
당장 전혀 다른 세상이 내게 안길 것이다."

이제 글쓰기는 생존의 문제인데,
왜 아직도 최선을 다해 쓰지 않는가

20

자기 자신으로
사는 방법을 배워라.
자기 자신의 생을
인식하는 방법을 배워라.

Hermann Karl Hesse

경찰서, 주민센터, 세무서, 학교까지. 여기에서 일하는 사람들이 가장 많은 시간을 투자해서 하는 게 뭘까? 바로 글쓰기다. 놀랍게도 이들은 매일 각종 서류를 작성하느라, 작가인 나보다 더 많은 시간을 글쓰기에 투자한다. 마치 서류 작업을 하기 위해 거기에 있는 사람처럼 말이다. 가끔 짧은 시간에 엄청나게 긴 글을 써내는 모습을 볼 땐, 나보다 더 글을 잘 쓴다는 생각이 들 때도 있다.

그런데 과연 앞서 말한 곳에서만 그럴까? 다른 직장에서도 모두 마찬가지다. 결국 우리의 인생은 글쓰기로 시작해서 글쓰기로 끝난다. 내가 무엇을 생각했고, 앞으로 무엇을 할 것인지, 당신에게 무엇을 줄 수 있는지, 그 안에 녹아 있는 내 마음은 어떤 것인지, 이 모든 것을 전하려면 글로 써야만 한다.

자기소개서를 쓰거나 논술 시험을 볼 때도 마찬가지다. 우리는 글을 써야만 무엇을 내면에 담고 있는지, 그간 무엇을 배우기 위해 분투했는지, 그 정보를 전혀 모르고 있는 상대에게 섬세하게 설명할 수 있다. 글로 써서 하나하나 설명할 수 없다면, 당신은 아무것도 하지 않은 사람이 된다. 지금 내가 알고 있는 것들을 이렇게 글로 당신에게 소개할 수 있는 것처럼 말이다.

그리고 또 하나, 글을 써서 얻을 수 있는 능력과 가치를 모두 갖게 되면 추가로 얻는 게 뭘까? 자신을 누구보다 잘 아는 사람으로 진화할 수 있다. 이게 바로 글쓰기가 곧 생존의 문제인 이유다. 헤세가 강조한 자신으로 사는 방법을 배우려면 지금 바로 글을 써야 한다. 당신이 무엇을 인식하고 있는지 글로 써서 보여줘라.

"글로 쓴 삶만이 나의 삶이다.

쓰지 않는 삶은 사라진다.

내가 분투해서 살았던 오늘 하루를

나의 역사로 남기고 싶다면 써야 한다.

써서, 내가 얼마나 애를 썼는지 증명하자.

써서, 내가 얼마나 간절했는지 보여주자."

좀 더 쓸모 있는 글을 쓰는
9가지 방법

21

그대는 자기 자신이 되는 법을 배워야 한다.
더 이상 다른 사람으로 살아도 안 되고,
아무것도 되지 않으려고 해서도 안 된다.
다른 사람의 소리를 흉내 내거나
다른 사람의 얼굴을
자신의 얼굴로 생각해서도 안 된다.

Hermann Karl Hesse

헤세의 말은 결국 쓸모 있는 인간이 되라는 것이다. 인간이 쓸
모를 가지려면 자기 자신이 되어야 하기 때문이다. 타인은 이미
많이 존재하니, 나는 나로 살아야 빛이 난다.

쓸모 있는 글을 쓰면 우리의 쓸모도 빛을 발하게 된다. 맞다. 모
든 글은 위대하고 쓸모가 있다. 하지만 세상에는 분명 수준과 쓸

모가 다른 글이 존재한다. 매일 글을 쓰는 당신은 지금도 충분히 누구보다 멋진 삶을 살고 있지만, 내가 30년을 쓰면서 깨달은 다음 9가지 방법까지 추가해서 글을 쓴다면 더욱 생산적인 글쓰기를 할 수 있다.

1. 다른 사람 말고,
   너 자신에 대해서 써라.
   다른 사람들의 이야기는
   그들이 쓸 것이다.

2. 배운 것 말고,
   네가 본 것에 대해서 써라.
   배운 건 모두의 것이지만,
   네가 본 것은 너만의 것이다.

3. 다수의 생각이 아닌,
   너의 생각을 써라.
   모두에게 맞는 생각이 아닌,
   너라서 가능한 생각을 보여줘라.

4. 모두의 주제가 아닌,

   너만의 주제를 선택하라.

   트렌드는 네가 스스로

   삶에서 창조하는 것이다.

5. 타인의 박수가 아닌,

   자신의 박수를 받는 게 중요하다.

   세상에서 가장 귀한 찬사는

   스스로에게 주는 박수에서 시작한다.

6. '그게 그거'라는 생각은 버리고,

   뭐든 특별한 부분이 존재한다고 믿어라.

   미세하게 다른 부분을 찾는 것이

   글쓰기의 핵심 가치다.

7. 그냥 생각하는 수준이 아니라,

   끊임없이 생각하는 수준에 도달하라.

   무언가를 보고 있다면 확실하게 알 때까지

   자리를 떠나지 마라.

8. 글을 억지로 짜내지 말고,

   글이 스스로 번지게 하라.

   오직 결과가 유일한 목적인 글은

   사람들 마음에 감동을 줄 수 없다.

9. 글 뒤에 숨지 말고,

   글이 삶이 되도록 살아라.

   네가 치열하게 경험한 단어는

   쓰는 자만이 가질 수 있는 최고의 무기다.

글을 매일 쓰면서도 가끔 "잘하고 있는 건가?", "이게 맞나?"라는 의문이 들 수 있다. 나도 그런 과정을 겪었기 때문에 잘 안다. 그럴 때마다 앞에 소개한 글을 낭독하고 필사하며, 그 누구도 아닌 자기 자신에 대한 글을 쓰는 삶을 반복하라.

"비난과 조롱을 겁내지 말고,

오히려 반기는 마음으로 글을 써라.

비난과 조롱이 시작된다는 것은

내 글이 세상에 퍼진다는 증거다.

내가 나의 소리를 내고 있다는

가장 기분 좋은 소식이다."

어른은 진정성이라는
단어를 타인에게 쓰지 않는다

22

생각과 행동이 진실할 수 있다면,
누구나 자기 삶의 성자로 살 수 있다.
옳다고 생각하는 일이라면,
망설이지 말고 바로 실천해야 한다.

Hermann Karl Hesse

누군가 다른 누군가에게 사과하는 모습을 보며, 우리는 간혹
상황이나 그들의 관계에 대해 잘 알지도 못하면서 쉽게 그들의 말
을 평가한다.

"사과하는 모습에서 진정성이 느껴지지 않네."

"진정성이 전혀 없는 태도잖아!"

실제로 일상에서 혹은 언론에 나온 사람들을 보며 우리가 자주 하는 말이다. 진정성이란 무엇을 의미할까? 풀이하면 이렇다.

'내가 느끼는 아주 개인적인 기분'

'그 사람에 대해 평소 갖고 있었던 생각이나 편견'

'옹호하거나 비난하는 편파적인 행동'

이걸 종합하면 뭐라고 표현할 수 있을까? 사람은 누구나 다를 수 있다. 타인의 감정까지 마음대로 평가하고 재단하는 건 지혜로운 일이 아니다. 그래서 이 사실을 아는 진짜 어른들은 진정성이라는 표현을 타인에게 쓰지 않는다. 진정성은 자신을 향한 반성이나 태도의 수정을 논할 때 사용하는 게 아름답다.

"좀 더 진정성 있게 말하고 행동하겠습니다."

"진정성을 갖추도록 많이 노력하겠습니다."

헤세의 말처럼 이 세상은 선한 것이냐 악한 것이냐, 산다는 건 기쁨이냐 괴로움이냐, 이런 문제는 덮어두는 게 지혜롭다. 지혜로운 사람들은 문제를 구분하고 그걸 기준으로 남을 비난하기보다는, 그저 자신이 옳다고 생각하는 하루를 살아갈 뿐이다. 그래서 가장 강한 구호는 입이 아닌 가슴에서 나온다.

그대는 여전히 말만 하고 있나, 아니면 일상에서 실천을 통해 가치를 보여주고 있나. 어른의 삶을 시작하기 위해서는 옳다고 생각하는 일은 바로 실천해야 하며, 생각과 행동이 하나로 일치된 삶을 살아야 한다. 타인의 말과 행동을 지적하며 진정성을 논한다는 건, 자신은 하지 못하면서 남에게만 요구하는 수준 낮은 지성이 언어로 표출되는 것이다.

"이제 남의 진정성에 대해서는 논하지 말자.

그건 아직 어른이 되지 못한

인생을 살고 있다는 사실을 증명한다.

진정성은 나의 발전을 위해서만 사용하자.

좀 더 높은 수준으로 다시 태어나자."

글쓰기를 시작한 사람에게 전하는
10가지 태도

23

나는 자신이 쓰는 힘이
어디에서 나오는지 알고,
그 위에 자기만의 삶의 법칙을
하나하나 쌓아 올리는 사람들을
자기 삶의 예술가라고 생각한다.

Hermann Karl Hesse

결국 지금이라도 당장 글쓰기를 시작하라는 헤세의 강렬한 조
언이다. 자신에게만 존재하는 장점과 기질이 무엇인지 알고 그 위
에 삶의 법칙을 쌓기 위해서는, 사는 나날이 곧 쓰는 나날이 되어
야 하기 때문이다. 자기 삶의 예술가로 살고 싶다면, 그런 삶에서
뽑아낸 다음 10가지 태도를 가슴에 담아야 한다.

1. 여행을 떠나도 늘 글을 써라.

   여행을 떠난 시간은 당신의 인생이 아닌가?

2. 마음이 힘들 때도 글을 써라.

   글로 힘든 마음을 표현해야 회복할 수 있다.

3. 몸이 아플 때도 글을 써라.

   아픈 시간은 당신의 시간이 아닌가?

4. 휴일에도 글을 써라.

   휴일에는 마음과 생각도 작동을 멈추는가?

5. 주제에 대한 고민은 그만하자.

   뭐든 써라. 뭘 그렇게 진지하게 생각하는가?

6. 사람들이 반응하지 않는다고 걱정하지 마라.

   처음부터 그 힘든 게 쉽게 될 거라고 생각했는가?

7. 자극적인 제목을 우습게 생각하지 마라.

   내용에 자신 있다면 시선을 끄는 게 우선이다.

8. 이웃 신청할 때 기계적으로 하지 말고,
   상대방 닉네임 하나 정도는 제대로 써라.

9. 주제가 평범해서 읽히지 않는 게 아니다.
   왜 네 눈에 보이는 대로 쓰지 않는가?

10. 글쓰기는 자기 자신과의 싸움이다.
    왜 자꾸 남을 이기려고 하는가?

필사할
문장

"시는 나날이 곧 쓰는 나날인 사람은
결국 자기 삶의 예술가로 살게 된다.
지금부터 시작해도 늦지 않다.
내가 가진 힘과 삶의 철학을
나만의 글로 써서 남기는 삶을 시작하자."

보면 알게 되고,
알면 글로 쓸 수밖에 없다

24

무언가를 찾기 위해
많은 시간을 투자한 것이
가치 있는 게 아니라,
찾기 어려운 것을 발견하려는
그대의 노력이 귀한 것이다.

Hermann Karl Hesse

하루는 자주 사용하는 대형 온라인 마트 앱에서 갑자기 와인 가격이 평소보다 적게는 10% 많게는 30~50% 오른 걸 봤다. "이 게 뭐지?"라는 생각을 하며 글을 쓰다가, 다시 2시간 후에 앱에 접속했는데 귀여운(?) 광경을 보게 되었다. 와인 할인전을 시작했는데, 방금 10% 올린 와인은 10% 할인을, 30% 올린 와인은 30% 할인을, 마찬가지로 50% 올린 와인은 50% 할인을 하는 것이었다. 명목상 할인이지만, 결국 원래 가격을 받는 셈이었다.

일상의 글을 쓰는 사람에게 이 에피소드는 매우 중요한 것을 알려준다. 글을 쓰는 사람은 쓰려는 대상에 대해서 '아는 사람'이다. 그렇다면 아는 사람은 무엇을 의미하는 걸까? 이렇게 정리할 수 있다. 글을 쓰는 사람은 그 대상에 대해서 충분히 알 때까지 시선을 돌리지 않는다. 만약 그가 나무를 바라보고 있다가 시선을 돌렸다면, 나무를 충분히 알게 되었다는 사실을 의미한다.

헤세가 찾기 어려운 것을 발견하려는 그대의 노력이 귀한 것이라고 말한 이유는, 보려는 노력의 가치를 말하기 위해서다. 그도 역시 보는 인간으로 평생을 살았다. 그가 남긴 글이 그 삶의 궤적을 증명한다.

만약 내가 보려는 의지가 없었다면 와인 행사를 보며 좋은 기회라고 생각해서 그냥 구매했을 가능성이 크다. 하지만 충분히 보는 사람은 그 대상에 대해서 알고 있기 때문에 실수나 후회할 일을 거의 하지 않는다. 와인이야 자꾸 보고 마시면 가격을 대충 외우게 되니 쉽지만, 태양과 바람, 스치는 수많은 사람의 마음은 짐작하기 쉽지 않다. 하지만 충분히, 깊이 보는 사람들은 그것마저 다 안다. 보면 알게 되고, 알면 글로 쓸 수밖에 없다. 그래서 보는 일이 곧 쓰는 일이다.

"세상에는 그냥 보는 사람이 있고,

충분히 알 때까지 보는 사람도 있다.

전자는 글을 쓰기 힘들고,

후자는 더욱 농밀한 글을 쓰게 된다."

점점 깊어지는 글은
이렇게 만들어진다

25

살아가는 나날을 위해서
진지하게 사색할 것들에 대해서는
더 깊이 배우고,
나머지는 웃어넘겨라.

Hermann Karl Hesse

하루는 '아침 8시에 회의를 하자는 상사 vs. 헬스장 예약이 잡혀 있어서 불가능하다는 Z세대 사원'이라는 제목의 기사가 떴다. 아침 8시에 업무 회의를 하자고 직장 상사가 얘기하자, 그 시간에 헬스장 예약이 잡혀 있어서 회의에 참석할 수 없다는 Z세대 사원의 사연이 소셜미디어를 달군 것이다. 만약 헤세라면 이 기사를 어떤 시선으로 읽었을까? 아마 시간에 대해서 깊이 사색했을 것이다.

만약 8시가 아닌, 아침 6시나 7시였다면 반응이 어땠을까? 그럼 대부분의 사람이 사원의 편을 들었을 것이다. 너무 이른 시각이기 때문이다. 당연히 이 글을 향한 사람들의 반응도 절반 이하로 줄었을 것이다. 반대로 아침 9시였다면 반응이 어땠을까? 그럼 이번에는 대부분 상사의 편을 들었을 것이다. 근무시간이니 당연히 그렇다. 역시 반응도 절반 이하로 줄었을 것이다.

글을 쓰려면 이렇게 써야 한다. 헤세가 더 깊게 배우고 나머지는 웃어넘기라는 이유가 여기에 있다. 더 많은 사람에게 닿을 수 있는 글을 써서 더 많이 배우는 삶을 살고, 동시에 일어나는 논란이나 비난에 대해서는 그저 웃어넘기라는 말이다. 논란이 없는 주제에는 사람이 모이지 않는다. 수많은 사람이 이 글에 반응하는 이유는 '8시'라는 시간이 매우 애매한 시간이기 때문이다. 그가 소개한 깊게 배우는 삶을 살기 위해서는 다음 10가지 조언을 일상에서 실천하면 된다.

1. 논란을 통해서 성장하라.
2. 거친 반론을 이해할 마음의 크기를 준비하라.
3. 마음의 크기는 글을 쓰면서 커진다.

4. 100% 옳은 이야기는 쓰지 마라.

5. 반응이 절반으로 나뉠 주제를 선정하라.

6. 논란을 조장하는 게 아니라, 생각의 여지를 주는 것이다.

7. 글의 목적은 서로의 생각을 나누는 무대를 만드는 데 있다.

8. 모든 이야기를 듣고 자기 생각을 정리하라.

9. 정리한 걸 다시 글로 써라.

10. 그렇게 당신의 글은 좀 더 깊어진다.

필사할
문장

"논란을 두려워하지 마라.

점점 깊어져서 지혜의 반경을 넓히려면

수많은 논란을 선물처럼 반겨야 한다.

배울 수 있는 건 마음에 담고

버려야 할 건 웃어넘기면 된다."

살면서도 글을 잊어본 적이 없고, 쓰면서도 삶을 잊어본 적이 없다

26

태어난다는 건 늘 어렵다.
새도 알에서 나오려고 애를 쓴다.
하지만 돌이켜 생각해 보자.
그 시도가 늘 어렵기만 했는가?
아름답지는 않았는가?
세상에 그것보다 더 아름답고
또 쉬운 길이 있을까?

Hermann Karl Hesse

제목이 조금 길지만, 내 글쓰기를 선명하게 정의할 수 있는 말
이라서 소개한다. 이해하기 쉽게 설명하면 이렇다. 간혹 몸이 아
파서, 혹은 사업이 힘들어져서 한동안 글을 쓰지 못했다는 사람의
소식을 듣는다. 하지만 나는 같은 경우에도 평소처럼 글을 쓴다.
내 글쓰기의 정의처럼 이렇게 쓴다. 아픈 날에는 아픈 나에 대해

서 쓰고, 사업이 힘든 날에는 힘든 일상에 대해서 쓴다. 그 삶이 바로 "살면서도 글을 잊어본 적이 없고, 쓰면서도 삶을 잊어본 적이 없다."라는 말을 실천하고 있다는 증거다.

이러한 시도는 헤세의 말과 닮았다. 새가 알에서 나오려고 애를 쓰면서도 자신에게 주어진 일상을 살아가듯, 나도 마찬가지로 하나의 글을 세상에 내보내려고 분투하는 동시에 일상을 산다. '동시에 2가지 일을 하려면 삶이 너무 힘들지 않을까?' 이런 생각도 할 수 있다. 하지만 역시 헤세의 조언처럼 세상에 그것보다 더 아름답고 쉬운 시도는 없다. 그렇게 살아보면 누구든 쉽게 알 수 있다.

피트니스 센터에서 나는 아무리 사람이 많아도 트레드밀(러닝머신)을 기다리지 않고 바로 탄다. 이유는 간단하다. 언제 가도 화면이 고장 난 트레드밀 하나 정도는 있어서, 늘 빈 자리가 있기 때문이다. 대부분의 사람은 영상이 나오지 않는 트레드밀을 '이용할 수 있는 기계'라고 여기지 않는다. 영상을 시청해야 지루한 러닝 시간을 버틸 수 있기 때문이다. 하지만 나는 러닝과 영상은 별 상관이 없어서, 덕분에 늘 비어 있는 그 자리를 쓸 수 있다.

나는 러닝을 하면서 화면을 바라보지 않는다. 30분 혹은 60분을 뛸 때도 마찬가지다. 이유는 간단하다. 생각하느라 다른 것을 바라볼 여유나 가치를 느끼지 못하기 때문이다. 나는 뛸 때, 뛰는 나를 생각한다. 그게 바로 살면서도 글을 잊지 않고, 쓰면서도 삶을 잊지 않는 나의 글쓰기 비법이기도 하다. 어딘가에 홀려서 정신을 팔거나 킬링 타임을 보내지 않고, 그 시간의 나를 온전히 즐기고 바라보며 영감으로 남긴다. 60분을 달리고 내려오면 바로 스마트폰을 열고 달리면서 떠올린 글을 빠르게 기록한다. 그때 내 손은 그저 내 생각을 받아서 적는 기계에 불과하다. 이미 글은 정리가 끝난 상태이기 때문이다.

그렇게 또 하나의 글이 나의 세계에서 탄생한다. 당신이 만약 쓰는 삶을 살면서 시간과 공간을 최대한 활용하고 싶다면, 이 말을 부디 기억하라. 그럼 누구나 언제든 쓸 수 있다.

필사할
문장

"살면서도 글을 잊어본 적이 없고,

쓰면서도 삶을 잊어본 적이 없다."

책을 읽다가
반드시 멈춰야 하는 이유

27

내 마음은 내가 그려놓은 편견을 넘어
날아갈 수 있는 능력을 갖추고 있다.
다르게 느껴지는 빛과
어둡고 두꺼운 세계를 넘어서
다른 세계로 날아가는 순간,
나는 비로소 세상을 바라보는
새로운 통찰력을 가질 수 있다.

Hermann Karl Hesse

독서가 중요한 이유는 자신의 수준을 명확하게 보여주기 때문이다. 이를테면 책을 중간에 멈추지 않고 끝까지 한 번에 읽었다는 건 무엇도 배우지 못했다는 사실을 증명한다. 극단적으로 말해서 책을 읽을 때 중간에 한 번도 멈추지 않았다면, 그 독서는 자신에게 전혀 도움이 되지 않는다는 뜻이다. 책을 읽었다면 반드시 변화를 스스로 체감할 수 있어야 한다. 하지만 멈추지 않는 독서는 절대로 자신을 나아지게 만들 수 없다. 정말 중요한 부분이니 지금부터는 더 집중해서 천천히 읽어보라.

대부분의 사람은 자신이 받아들일 수 있는 내용만 흡수하기 때문에 책을 읽다가 멈추지 않는다. 그래서 '내 생각이 역시 맞았어.'라는 일차원적인 독서로만 끝난다. 아무리 다양한 분야의 책 100권을 읽어도 그런 방식의 독서로는 조금도 나아지지 않는다. 자기 생각과 지성, 지혜와 창조적인 능력은 100권을 읽기 전과 같기 때문이다.

이쯤에서 헤세의 조언을 다시 읽어보자. "내 마음은 내가 그려놓은 편견을 넘어 날아갈 수 있는 능력을 갖추고 있다." 이전에 심어둔 편견을 가뿐히 넘어서 날아갈 수 있으려면, 책을 바라보는 시선이 달라져야 한다. 능력을 키우려는 사람들은 책을 읽다가 중간에 반드시 멈춘다. 그리고 3가지 질문을 던지며 책을 덮는다. 바로 이 질문이다.

1. 나는 왜 이 문장에서 멈췄나?

2. 이 문장을 읽고 나는 어떤 생각을 했나?

3. 그렇게 깨달은 지혜를 일상에 어떻게 적용할 수 있나?

책을 완독하는 건 전혀 중요하지 않다. 내 언어의 한계는 내 세계의 한계라서, 내가 아는 것만 보고 발견할 수 있기 때문이다. 아무리 읽어도 아는 것만 볼 수 있는데, 그런 나날을 반복하는 게 어떤 의미가 있을까. 아까운 시간만 소모하게 된다. 읽는 만큼 나아지고 싶다면 반드시 읽다가 멈춰야 한다. 시선을 멈추게 만든 문장을 더 많이 만난 사람만이, 스스로의 성장을 통해서 어제는 볼 수 없었던 더 많은 세계를 발견할 수 있다.

멈춘다는 건 자꾸만 생각하고 의미를 찾는다는 뜻이다. 이들에게는 다른 취미가 필요하지 않다. 헤세도 이에 동의하며 누구든 혼자 있을 수 있고, 스스로 책을 읽을 수 있다고 했다. 또한 자청해서 사색하고 산책할 수 있다면, 다른 어떤 유흥도 필요하지 않다고 생각했다. 반대로 온갖 유흥과 쾌락에 중독된 삶에서 벗어나려면, 가장 먼저 혼자 있는 시간을 즐겨야 하고 손에 책을 잡아야 하며 사색하며 산책해야 한다.

어디에도 얽히지 않고 멈춰야만 무언가를 남길 수 있다. 그래서 나는 책을 쓸 때 중간에 시선을 멈출 수 있는 곳이 많이 생길 수 있게 쓴다. 단숨에 다 읽는 책이 아니라, 중간중간 사색할 수 있도록 영혼을 담아서 쓴다. 그러니 꼭 기억하라.

"읽는 게 중요한 게 아니라

읽다가 멈추는 게 독서의 핵심이다.

멈춰서 질문하고 사색하지 않으면

앞으로 나갈 수 없다."

우리는 돈과 환경이 아닌, 언어와 싸우고 있다

28

한 사람 한 사람은 모두 각자의 실험을 한다.
마음 깊은 곳에서 시작한 우리는
모두 자기만의 목표를 향해 질주한다.
서로를 이해할 수는 있지만,
각자 가슴에 품은 뜻을 아는 사람은
오직 본인 한 사람뿐이다.

Hermann Karl Hesse

넉넉하고 풍족한 환경에서 모든 것을 즐기며 사는 사람이라 해도, 참 이상하게 일이 잘 풀리지 않거나 원하는 인생을 살지 못하는 경우가 많다. 이유가 뭘까? 딱 한 줄로 압축해서 말하자면 이렇다.

"자기 생각과 뜻을 어린아이가 이해할 정도로 쉬운 글과 말로 표현하지 못해서다."

세상에는 온갖 다양한 직업이 있다. 그 안에서 자신의 능력을 제대로 펼치며 원하는 인생을 살아가는 사람들에게는, 그게 무엇이든 아이가 이해할 정도로 쉽게 설명할 줄 안다는 공통점이 있다. 그렇게 말해야 하는 이유는 간단하다. 당신이 파는 콘텐츠나 온갖 서비스를 사는 고객들은 그 분야에 전문성이 없는 아이들과 같은 존재이기 때문이다.

헤세가 우리 각자가 가슴에 품은 뜻을 아는 사람은 오직 본인 한 사람뿐이라고 말한 이유도 같은 맥락이라고 보면 된다. 내 가슴에 품은 뜻을 아는 사람은 나 한 사람뿐이니, 그 뜻을 주변 사람들에게 알리지 못하면 아무것도 하지 못한 채 인생이 끝나는 것이다. 앞으로 내가 무엇을 하면서 살아갈지, 그 과정에서 어떤 마음을 전하고 싶은지를 글과 말로 주변 사람들에게 설명할 수 있어야 한다.

헤세는 이렇게 강조한다. "지금 우리는 다른 게 아닌 언어와 싸우고 있다."라고 말이다. 당신이 무엇을 파는 사람이든 아이에게 설명하듯 가장 쉽게 말하라. 내일을 기대하게 만드는 최고의 전문가는 어렵게 말하는 사람이 아니라, 가장 쉽게 말할 줄 아는 사람이다.

그런 삶을 살기 위해서는 지식과 지혜를 가진 사람들의 차이가 무엇인지 알아야 한다. 이를테면 우리는 '악플'에 민감하게 반응하거나, 무례한 사람들에게 굳이 따지면서 아까운 감정을 소모할 필요가 없다. 헤세가 말한 것처럼 지식은 누구에게나 전달할 수 있지만, 지혜는 전달할 수 없다. 애초에 지혜는 전달이 불가능한 것이기 때문이다.

우리는 각종 강의와 책에서 언제나 지혜를 찾아내고 체험할 수 있다. 또한 지혜로 온갖 삶의 기적을 보여줄 수 있지만, 지혜를 누군가에게 말하며 가르칠 수는 없다. 지식은 모두의 것이지만, 지혜는 스스로 깨닫는 방법을 아는 소수의 것이다. 그러니 이제는 지식은 있지만 지혜는 없는 사람들과 싸우느라 아까운 시간과 감정을 소모하지 마라. 그 사람이 사용하는 언어를 보면 그 사람의 수준을 알 수 있다. 늘 쉽게, 그리고 상대가 이해할 수 있게, 그대가 가진 언어의 수준을 높이며 살아라.

"쉽게 말하는 게 가장 어려운 일이다.

어려운 언어는 암기만 해도 가능하지만,

쉬운 언어는 관록이 주는 특권이기 때문이다.

초보자는 어렵게 말하지만

전문가는 쉽게 말한다."

언어를 바꾸면 사는 나날을
기적으로 바꿀 수 있다

29

세상에 우연은 존재하지 않는다.
만약 누군가 간절하게 원했던 것을
결국 찾게 되었다면,
그건 우연이라고 말할 수 없다.
절실한 열망과 끈기가
그를 그곳으로 이끈 것이니까.

Hermann Karl Hesse

나는 아주 오래전부터 책을 만들기 시작하면, 바로 이런 생각을
출판사와 편집자에게 전했다. "저는 더 좋은 글을 위해서라면, 언
제든 제 시간을 투자할 준비가 되어 있습니다. 그게 제 글을 읽는
분들을 위한 최소한의 예의라고 생각합니다. 수정할 부분이 있다
면 365일 24시간 언제든 바로 연락해 주세요."

이렇게 독자와 책을 향한 나의 마음을 전하면, 이후 어떤 일이 생길까? 이런 순서대로 내 삶과 주변이 놀랍게 바뀐다.

1. 더 좋은 글에 모든 것을 바칠 수 있는, 나와 같은 생각을 가진 출판사와 편집자를 만나게 된다.

2. 좀 더 수준 높은 책을 만들 수 있는 역량을 가진 사람들로 주변이 가득 채워진다.

3. 언어와 글의 가치를 충분히 깨닫고 실천하는 주변 사람들로 인해서 매일 성장하게 된다.

4. 자신의 모든 시간을 일에 투자하지만, 그게 전혀 일로 느껴지지 않아서 사는 게 정말 행복해진다.

5. 그냥 보고 듣고 느끼는 모든 것을 다 바로바로 일에 적용하고 변주할 수 있어서 사는 나날이 곧 창조의 나날인 기적을 경험하게 된다.

만약 발간하는 모든 책이 독자의 사랑을 받는 어떤 작가의 결과만 봤다면, 우연이나 기적 정도로 생각할 것이다. 하지만 헤세의 말처럼 세상에 우연은 존재하지 않는다. 모든 우연과 기적은 결국 365일 내내 뜨거운 열망으로 내가 부른 것이기 때문이다.

세상을 보라. 누구든 지금 당장, 바로 그 기적을 경험할 수 있다. 원하는 삶이 있다면, 그 삶에 맞는 언어를 사용하라. 다음 3단계 질문을 통해 그 언어를 만들 수 있다.

1. 내가 원하는 삶은 무엇인가?

2. 그 삶을 어떻게 표현할 수 있는가?

3. 한 줄로 정확하게 압축하려면 어떻게 해야 하는가?

꿈과 목표, 희망과 행복까지. 이 모든 것을 가슴에 품는 건 아름다운 일이다. 하지만 가슴에 품고 있는 그 벅찬 감정을 언어로 설명하거나 표현할 수 없다면, 그 가치를 단 1초도 소유할 수 없다.

"내 삶을 바꾸는 건 선명한 언어다.

설명할 수 없는 건 나도 실체를 모르니

꿈에서조차 나오지 않는다.

표현할 수 없는 건 그릴 수 없고,

정의할 수 없는 건 가질 수 없다."

김종원의 세계철학전집
✕
헤세 for 탄생

3장

두려움 깨뜨리기

Hermann Karl Hesse

내가 반복한 것이
곧 나를 증명한다

30

어떤 분야에서든
승리를 얻는 사람들은
다음 3가지 일을 한다.
하나, 사랑하기.
둘, 참고 견디기.
셋, 관대하게 받아들이기.

Hermann Karl Hesse

　새벽 5시 30분, 지하철역 앞에 석상처럼 앉아서 우엉 김밥을 파는 할머니가 있다. 비, 눈, 추위, 더위, 이런 것들과는 전혀 상관없이 하루도 빠지지 않고 나와 김밥이 담긴 커다란 통을 하나 앞에 두고 묵상하듯 앉아 있다. 지나가다가 문득 할머니를 본 사람은 이런 생각도 할 것이다.

'모르는 사람이 만든 저런 김밥을 뭘 믿고 먹어!'

누구든 지나가다가 우연히 스치듯 보면 그런 의심을 할 수 있다. 하지만 모든 것을 지켜본 사람의 생각은 다르다. 365일 내내 새벽 5시 30분부터 같은 자리에 앉아서 김밥을 파는 모습을 본 나는 전혀 다른 생각을 한다.

"저 꾸준함이 바로 가장 강력한 믿음이지."

헤세가 말한, 사랑하고 견디고 용서하는 삶은 결국 '반복'이라는 키워드로 통한다. 자신이 사랑하는 일을 시작한 후 참고 견디며 계속한다면, 그걸 지켜본 사람들에 의해서 받아들여질 수 있다. 내가 거리에서 파는 김밥을 믿고 먹을 수 있는 것처럼 말이다.

뭐든 반복하면 믿음이 생긴다. 글쓰기도 독서도 운동도 마찬가지다. 내가 20년 넘게 매일 원고지 50장을 쓰고, 매일 4시간 넘게 사색하고, 매일 3시간 이상 운동하는 이유도 역시 거기에 기인한다.

시간이 많아서 하는 게 아니라, 시간이 없어서 하는 것이다. 시간이 없어서 더 소중한 일에 투자하며 끝없이 반복하는 것이다. 반복하고 또 반복한다. 나의 말과 글, 그리고 삶에 믿음이라는 고귀한 지성을 담기 위해서. 내가 반복한 것이 곧 나를 증명한다. 당신이 누구든, 또 어디에서 무엇을 하고 있든, 못하기가 더 힘들어질 때까지 반복하라.

"경쟁자가 하는 일이 특별해 보인다면

그가 그걸 끝없이 반복한 덕분이고,

어느 순간 이상하게 쉬워 보인다면

반복과 특별해지는 과정을 통해

잘하는 단계에 도달했기 때문이다.

누구든 반복하면 나중에는

오히려 잘하는 게 더 쉬워지고,

못하는 게 더 힘들다."

낯선 곳의 주인으로 사는
삶을 시작하라

31

누구나 살면서 한 번은
부모와 스승으로부터 벗어나,
낯선 곳으로 첫걸음을 디뎌야 한다.
대부분의 사람이 그 고통을 견디지 못하고
다시 그들의 밑으로 기어들어 가지만,
그럼에도 우리는 혼자 걸어야 하는
그 혹독한 고독의 시간을 경험해야 한다.

Hermann Karl Hesse

자기 삶의 주인으로 살고 싶다는 그대에게 헤세는 이렇게 묻는다.

"자신을 한때 부자라고 생각하던 사람이 재산의 변화가 없음에도, 갑자기 반대로 자신을 가난한 사람이라고 생각하게 되기도 한다.

그들은 공통적으로 이런 질문을 던진다. '내가 나의 재산을 잃어버린 걸까? 아니면 나의 재산이 나를 잃은 걸까?' 그대는 어떻게 생각하는가?"

단순히 돈을 갖고 있다고 모두가 부자는 아니며, 그 돈의 주인이라고 말할 수 있는 것도 아니다. 자기 삶의 주인이 될 수 없다면 무엇을 소유하더라도 그것의 주인이 될 수 없다.

그렇다고 자신을 너무 몰아세울 필요는 없다. 누구나 이런 경험을 해봤을 것이다. 한밤에 잠에서 깬 후, 물을 마시기 위해 불을 켜지 않고 아주 조심조심 걷다가 발가락이 소파나 문턱 등의 모서리에 부딪히면 산산이 부서지는 고통을 느낀다. 그리고 그제야 깨닫게 된다. 이렇게 조심스럽게 아주 천천히 걷는 일에도 엄청나게 큰 힘이 필요하구나. 발에 얼마나 큰 힘이 들어갔으면, 이렇게 조심히 걸었는데도 충격의 고통이 느껴지는 걸까.

헤세의 말처럼 사는 건 힘든 일이다. 스스로 자각하지 못하지만, 아주 사소한 일 하나를 하기 위해서도 우리에게는 많은 힘이 필요하다. 게다가 낯선 곳을 향해서 혼자 걷는 첫걸음은 무섭고, 두렵고, 막막하기까지 하다. 그런데 나는 내가 이렇게 고생하며 겨우겨우 사는 것도 모르고, 늘 나를 미워하고 배신하고 혹독하게 다루기만 했다. 자기 삶의 주인이 되기 위해서 필요한 건, 엄청난 힘과 자제력이 아닌 자신을 향한 따뜻한 격려라는 사실을 잊지 말자.

　자신 있게 한 걸음을 걷는 일에도 엄청난 에너지가 필요하다. 지금 그대가 한 걸음 걸어갈 수 있다면, 정말 대단한 일을 한 것이다. 그렇게 차분한 마음으로 익숙한 공간에서 벗어나, 오늘부터 낯선 곳의 주인으로 살아라.

필사할
문장

"지금 걷는 이 한 걸음이

실패로 돌아갈 수도 있다.

하지만 분명한 게 하나 있으니

혹독한 시간을 견딘 세월은

성장의 에너지가 된다는 사실이다.

이제 시작이다. 난 해낼 수 있다."

이제는 이름만으로 충분한
나로 살아야 한다

32

손에 쥐고 있는 것이
자신을 강하게 만든다고
생각하는 사람도 있겠지만,
때로는 놓아주는 것이
그대를 더 강하게 만든다.

Hermann Karl Hesse

각종 SNS를 보면 공통으로 프로필을 쓰는 공간이 있다. 이건 아무리 세월이 흘러도 변하지 않는 부분이다. 그리고 공통점이 하나 더 있다. 그 좁은 공간에 대부분 한 글자라도 더 쓰려고 애를 쓴다는 사실이다. 그게 나쁘다고 말하는 게 아니다. 오히려 더 많은 것을 보여주려는 건 인간의 자연스러운 욕망이다. 나도 역시 예전에는 그랬다. 하지만 어느 순간부터 나는 다른 삶을 내게 선물했다. 그래, 그건 정말 내 삶을 대표하는 선물이었다. 그 마음과 태도를 압축하면 이렇다.

"한 글자라도 더 쓰려는 마음을, 한 글자라도 더 빼려는 마음으로 바꿨다."

그렇게 이제는 내 모든 SNS에서 나는 나를 이렇게 소개하게 되었다.

"김종원 작가입니다."

쉬운 선택은 아니었다. 헤세가 처음 언급한 것처럼 나도 손에 쥐고 있는 온갖 경력과 이력이 나를 증명한다고 착각했기 때문이다. 하지만 그 모든 것을 놓아주고, 나는 내 이름만 남기기로 했다. 그간 다양한 일을 하며 120권이 넘는 책을 썼지만, 나는 그저 나를 '김종원 작가'라고만 쓴다. 세상이 정한 모든 건 배제하고, 이름만 남긴 셈이다.

그러나 나는 아직 내 목표를 이루지 못했다. 내 마지막 목표는 '김종원'이라는 이름 뒤에 붙어 있는 '작가'라는 호칭까지 지우는 것이다. 그저 '김종원'이라는 이름 하나가 내 삶을 설명할 수 있도록 말이다.

지금 한번 과거에 누군가를 사랑했을 때를 생각해 보라. 행복한 마음으로 누군가를 사랑하게 되면, 이런 근사한 사실을 깨닫게 된다. 내가 살면서 이토록 어떤 일에 마음을 전부 빼앗겨 본 적이 있었나. 내가 이토록 맹목적으로, 극심히 고통스러워하며, 아무런 결실도 없는 일에 내 삶을 바친 적이 있었는가.

나는 내가 가장 사랑하는 존재인 내 이름만 남기고 모두 버린 삶을 선택한 것이다. 이보다 더 나를 활활 타오르게 할 수 있는 힘이 세상에 또 어디에 있을까?

이처럼 손에 많은 것을 쥔다고 내가 강해지는 건 아니다. 때로는 세상이 정한 모든 껍데기를 훌훌 벗어버리고, 그대 자신으로만 존재해 보라. 이전에는 경험하지 못한 삶의 기적을 만나게 된다.

필사할
문장

"아무리 거대한 조직 안에서 일한다고 해도,

그간 수많은 업적을 쌓았다고 해도,

결코 나를 잃어서는 안 된다.

죽는 날까지 자신으로 남아서 나의 이야기를 써야 한다.

이름만으로 충분할 수 있도록."

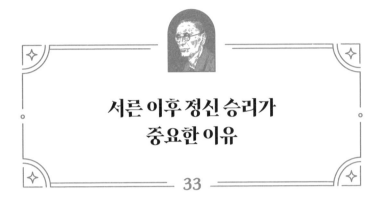

서른 이후 정신 승리가
중요한 이유

33

그저 바라만 보면서
기다리며 침묵할 뿐이다.
부드러움이 강한 것을 이기고,
물이 바위보다 더 강하며,
사랑이 폭력을 이긴다는 사실을
나는 알고 있으니까.

Hermann Karl Hesse

서른 이후에는 자주 난관에 봉착하게 된다. 지금까지 쌓은 실력이나 지식으로는 해결하기 어려운 일 앞에서 자신감을 잃고 나약해지기 쉽다. 이때 필요한 것이 바로 "결국 난 뭐든 해낼 수 있다."라는 정신 승리의 태도다. 정신 승리는 '척'과 닮았다. 나는 '긍정적인 척'을 좋아하고 그것이 가진 힘을 믿는다. 이를테면 '착한 척'이나, '잘하는 척'을 하면, 실제로 나중에는 정말 착해지고 뭐든 잘하게 된다. 말과 생각, 그리고 행동을 거기에 맞게 반복해서 자신에게 들려주고 보여준 덕분에 얻을 수 있는 삶의 기적이다.

삶은 쉬지 않고 당신을 괴롭힐 것이다. "과연 내가 해낼 수 있을까?"라는 나약한 생각에 흔들릴 수도 있다. 그때마다 "결국 난 뭐든 해낼 수 있다."라는 정신 승리를 먼저 한 후에 그 일을 시작하라. 그럼 해낼 수 있는 가능성이 높아지며, 실제로 할 수 있게 된다.

세상은 냉정하다. 스스로를 응원하고 지지할 수 없다면 조금도 견딜 수가 없다. 침묵해도 비난을 받고 말이 많아도, 반대로 적어도 비난을 받는다. 적당히 하면 또 그렇다고 비난을 받게 된다. 그래서 더욱 우리는 헤세의 조언을 실천해야 한다. 스스로 옳다고 생각한다면, 바람에 흔들리지 않는 별처럼 묵묵히 내가 가야 할 곳만 바라보며 살자.

"나는 내가 옳다고 생각한다.

결국 나는 무엇이든 해낼 것이고,

그런 나를 조금도 의심하지 않는다.

사랑이 결국 모든 악을 이긴다는 사실을

나는 내 삶으로 증명할 것이다."

분위기 파악을 과도하게 하면 나만 손해다

34

> 그대의 영혼은 하나의
> 완전한 세계이다.
>
> Hermann Karl Hesse

　분위기 파악을 과하게 하면 결국 손해를 본다. 온라인 공간 역시 마찬가지다. 스레드는 서로 반말을 하는 분위기라서, 그게 익숙하지 않아도 억지로 반말을 하며 분위기를 맞춰가는 사람이 꽤 많다. 물론 새로운 장소에서 분위기에 맞추는 자세도 필요하다. 하지만 자신의 욕구를 억제하며 너무 심할 정도로 많은 눈치를 보는 건 오히려 자신에게 좋지 않다. 나라는 색이 완전히 지워지기 때문이다. 그런 삶을 반복하게 되면 무리에서 있으나, 없으나 티가 나지 않는 존재가 된다. 그럼 굳이 그 안에서 활동을 하는 의미가 없다. 투자한 시간과 노력의 의미를 조금도 찾을 수 없으니까.

이쯤에서 헤세의 조언을 다시 읽어보라. 그대의 영혼은 하나의 완전한 세계라는 말, 얼마나 아름다운가. 그대는 그대이므로 이미 완전하다. 스스로의 세계를 믿고 자신을 꾸준히 유지하면 된다. 그래서 나는 모두가 영상을 만들어서 업로드를 하는 유튜브에서도 커뮤니티에 글만 써서 올리고 있다. 많지 않지만 그래도 구독자가 1만 4천 명까지 모인 상태다. 영상만 난무하는 유튜브에서 오직 글만 보고 찾아준 숫자라서 더욱 소중하다. 물론 수익화 부분에서는 약점이 있을 것이다. 하지만 이렇게 내 방식으로 일단 구독자를 모으면, 언제든 영상을 업로드를 해 변화를 꾀할 기회를 스스로에게 줄 수 있다.

때때로 상황에 따라서 분위기 파악도 해야 한다. 하지만 그게 심해지면 눈치를 보는 단계에 도달하게 된다. 그런 선택으로, 자신을 잃는 실수를 범하지 마라.

"나 자신을 잃게 되면,

그 안에서 무엇을 아무리

열심히 해도 별 의미가 없다.

'나는 무엇을 하는 사람인가?'

삶의 근거가 될 이 질문을 가슴에 담자."

결국 태도가
당신의 모든 것을 바꾼다

35

사랑하는 것과
살아가는 것은 하나다.
인생은 덧없고 잔인하지만,
그럼에도 불구하고 화려하다.

Hermann Karl Hesse

하루는 말이 전혀 통하지 않는 외국에서 고등학생 정도로 보이
는 20여 명의 학생들이 자국 언어로 노래를 부르며 춤을 추는 모
습을 구경했다. 당연히 가사도 알 수 없고, 전통 의상을 입고 추는
춤이라 멋지다고 말할 수도 없었다. 게다가 아이들 역시 억지로
나온 듯 전혀 의욕이 느껴지지 않아서 그냥 가려고 했지만, 한 아

이의 열정이 다른 곳으로 갈 수 없게 나를 붙잡았다. 당시 내가 본 그 아이의 모습을 글로 표현하면 이렇다.

1. 전혀 돈이 되지 않는 일이지만
2. 미치도록 좋아서 한다는 표정이 가득하고
3. 아무도 열심히 하지 않지만
4. 나는 다르게 해낼 수 있다는 멋진 의지로
5. 주변의 공기 자체를 완전히 바꿨다.

그 아이의 열정적인 태도와 밝은 표정에 빠진 나는 한동안 정신을 놓고 마냥 바라보았다. 그는 웃으며 열정적으로 노래를 불렀는데, 무슨 뜻인지도 모르는 나는 감동해서 울고 있었다. 헤세의 말처럼 사랑하는 것과 살아가는 것은 하나라는 사실을 그 아이의 모습을 보며 저절로 깨닫게 되었다. 인생은 덧없고 잔인하지만, 그럼에도 화려한 이유는 사랑하며 살아가기 때문이다. 그렇게 혼자 그를 바라보며 나는 허공에 이런 글을 썼다.

"진짜 멋지게 자기 일을 한다는 건 저런 거구나. 언어도 통하지 않는, 그저 지나가는 전혀 모르는 사람조차 순식간에 팬으로 만들 수도 있구나. 핑계와 변명은 그냥 다 버리자. 정말, 진짜 환경은 전혀 중요한 게 아니구나."

환경은 전혀 중요하지 않다. 오직 사랑하며 살아가는 마음의 태도가 우리를 다시 태어나게 해준다. 내가 순식간에 그를 응원하는 팬이 된 것처럼 말이다.

필사할
문장

"멋진 태도를 가진 사람은

결코 환경을 탓하지 않는다.

자신의 태도로 어떤 환경도

바꿀 자신이 있기 때문이다.

태도가 삶을 바꿀 마법이자,

내 삶의 기적이다."

되는 게 하나도 없는 날,
자신에게 10분만 시간을 주자

36

아주 깊고 크게
숨을 들이마셔 보라.
몸이 가볍게 떨리는 동안
그대는 알게 될 것이다.
세상에 나 자신보다,
더 외로운 사람은 없다.

Hermann Karl Hesse

'대체 제대로 되는 게 하나도 없냐!'

'이렇게 살아서 뭐 하겠어, 차라리 죽는 게 낫지.'

'휴, 이게 사람 사는 거냐!'

살다 보면 이런 생각에 괴로운 순간을 보낼 때가 있다. 정말 자다가도 벌떡 일어날 정도로 제대로 되는 게 하나도 없는 날에는,

딱 10분만 힘든 자신에게 시간을 주자. 그리고 모든 것은 순식간에 달라질 수 있다는 말을 자신에게 들려주자. 헤세가 조언한 것처럼 그 고독한 공간에서 딱 10분만 아주 깊고 크게 숨을 들이마셔보라. 정말 깜깜한 새벽에도 걷다가 보면, 놀랍게도 금방 햇살이 주변에 가득해져서 밝아지는 걸 느낄 수 있다. 그러나 반대로 기분 좋은 빛 속에서 산책을 즐기고 있는데 갑자기 어둠이 깊게 내려와서 놀랄 때도 있다. 정말 그렇다. 해가 뜨는 순간과 지는 순간은 생각보다 짧아서, 10분 정도면 체감할 정도로 주변의 색이 바뀐다.

인생도 마찬가지다. 10분만 여유를 갖고 생각하면 우리는 그럼에도 살아야 할 이유를 찾게 된다. 어둠이 가득한 공간이 단 10분만에 밝아지는 것처럼, 나의 기나긴 어둠과 삶의 고통도 어느 순간 완전히 달라질 수 있다. 결국 그 10분을 참지 못해서 나는 또 나를 아프게 하고, 들으면 상처받을 못된 말을 소중한 자신에게 들려준다.

우리가 방황하는 이유는 무언가 시작했다는 증거고, 방황이 길어진다는 건 그 시작이 간절했다는 사실을 의미한다. 조금만 더 참고 견뎌보자. 10분만 참으면 10년을 다르게 살 수 있다. 세상에 나보다 더 외로운 사람은 없다. 그런 자신을 포근하게 안아줄 수 있는 말만 들려주자. 세상에서 가장 강한 사람은 자신에게 주어진 외로움을 견뎌낸 사람이다.

"결국 나를 망쳤던 것도 나고,

그런 나를 일으켰던 것도 나다.

내가 나를 망치지 않는다면

누구도 내 삶을 방해할 수 없다.

나는 그 누구도 아닌 내가 지킨다."

자존감과 능력이 부족하지만
뭔가 해내려면

37

사랑은 간절히 청하는 것이 아니다.
또한, 강요해서도 안 된다.
모든 사랑은 그 자체로
확신에 이르는 힘을 가져야 한다.
억지로 끌림을 당하는 것이 아닌,
스스로를 끌 수 있는 사랑이어야 한다.

Hermann Karl Hesse

"나도 뭔가 해내고 싶은데!"

"저 사람처럼 멋지게 살고 싶다!"

"아, 나도 가능할까?"

누구나 초보 시절이 있다. 그 시절에 만약 능력 이상의 꿈과 목
표를 품고 있다면, 가슴이 시리도록 아플 것이다. 이루고 싶지만 자

존감과 능력이 부족하기 때문이다. 그러나 방법이 있다. 다음 2단계 과정을 거치면 조금 더 빠르게 능력을 확대할 수 있다.

1. 자신에게 아직 뭐든 해내는 능력과 사물을 꿰뚫어 보는 안목이 없다면, 그런 능력을 갖춘 사람을 곁에 두고 자주 지켜봐라. 모두가 고개를 절레절레 흔들며 시도조차 하지 못한 일을 쉽게 해내는 그들의 모습을 보면, 그걸 지켜보는 사람의 안목과 자신감도 점차 높아진다.

2. 단, 처음부터 그들처럼 뭐든 척척 해낼 수는 없다는 사실을 기억하라. 그저 그들이 해내는 모습과 눈빛 그리고 태도를 바라보며, 하나하나 눈에 담는 수밖에 없다. 그럼 어느 순간 불가능한 것들을 혼자 조용히 관찰하고 있는 자신을 발견할 것이다. 그것은 기적이다. 아예 시도조차 하지 못하고 돌아선 그대가, "이건 분명히 가능하다."라는 눈빛으로 대상을 관찰하고 있으니까.

사랑은 그 자체로 확신이며, 스스로를 끌 수 있어야 한다고 말한 헤세. 스스로를 사랑한다면, 그의 조언처럼 늘 확신의 언어를 공급해야 한다. 그래야 그걸 에너지로 삼아 스스로를 끌 수 있기 때문이다. 타인에게 도움을 청하거나, 강요하지 마라. 모든 것은 자신을 향한 사랑의 확신에서 나온다.

"불가능하다고 생각하며

시작도 하지 않는 사람은

영원히 해내지 못하지만,

해낼 것처럼 행동하는 사람은

결국 가슴에 품은 모든 걸 해낸다.

가능하다는 생각이 사람의 수준까지 바꾼다.

세상에 이것보다 멋진 사실은 없다."

내면의 힘을 키워
자신을 지킬 용기를 주는 말

38

어두운 세계의 말할 수 없는 고통,
나는 그것을 해결할 수 있다는
믿음을 갖고 있다.
가끔 실망하기는 하지만,
결코 절망하지는 않는다.

Hermann Karl Hesse

헤세는 사는 내내 세상이 나쁜 것이라고 정의한 불행이나 고통, 분노 등에서도 희망과 가능성을 봤다. 좋은 것만 바라보면 무엇을 보든 좋은 것만 보인다. 세상이 아무리 절망으로 가득하다고 해도 그는 그것마저 절망이 아닌 실망으로 해석했다. 신은 우리를 죽이기 위해서 존재하는 게 아니라, 우리 안의 새로운 삶을 깨우기 위해 힘든 시간을 선물처럼 준다고 생각했기 때문이다.

내면의 힘을 키우고 싶다면, 이제는 헤세의 눈으로 세상을 바라보는 게 좋다. 협박이나 증오의 언어는 용기 있거나 힘이 센 사람이 아니라, 내면의 힘이 약해서 겁이 많은 사람의 언어다. 마음속에서 증오의 언어가 자꾸 고개를 든다면 이런 말을 통해 자신의 증오를 잠재우며 동시에 내면의 힘을 키우는 게 좋다.

1. 나는 남과 나를 비교하지 않는다.

2. 나는 남과 달라서 특별하다.

3. 나는 내게 없는 것에 연연하지 않는다.

4. 내 안에는 성장의 재료가 풍부하다.

5. 나는 나의 의지로만 움직인다.

6. 거친 언어는 나의 언어가 아니다.

7. 용서한다고 화해해야 하는 건 아니다.

8. 내가 분노하는 건, 나의 결핍일 수 있다.

9. 나는 진실을 사랑하고 의무를 즐긴다.

10. 모든 사람을 애써 다 이해할 필요는 없다.

11. 늘 내가 선택해야 내가 끝낼 수도 있다.

12. 나만은 나를 최선을 다해 사랑해야 한다.

"모든 사람에게는 각자의 고통이 있다.

다만, 해결할 수 있다고 믿는 자와

할 수 없다고 믿는 자만이 존재한다.

그러나 절망은 나의 것이 아니다.

나는 나만의 오솔길을 찾아낼 것이다."

선한 영향력을 주겠다는
착각에서 벗어나야 성장한다

39

내가 살았던 인생에서
흥미로웠던 것들은
오직 나 자신에게 이르기 위하여
내가 내디뎠던 걸음들뿐이었다.

Hermann Karl Hesse

선한 영향력, 물론 아름다운 말이다. 하지만 헤세는 "배워서 누군가에게 알려주려고 합니다.", "세상에 선한 영향력을 주려고 합니다."라고 말하는 사람들에게 성장과 배움의 목적을 남에게 무언가를 주겠다는 방향으로 잡았다면, 그건 완전히 틀린 생각이라고 말한다. 진짜 무언가를 시작해서 성장하고 싶다면, 인간에게는 다음 3가지 의무 이외에 다른 건 없다.

1. 자기 자신을 찾아라.
2. 자신 속에서 확고해져라.
3. 자신의 길을 앞으로 더듬어 나가라.

이를 통해서 우리는 단순하게 '찾는 자'에서 벗어나, '구하는 자'로 급격하게 성장할 수 있다. 잘 생각해 보라. 자신이 원하는 것만 바라보는 사람은 결국 아무것도 찾아낼 수 없다. 또한 자기 내면에 무엇도 받아들일 수 없는 상태가 된다. 헤세의 말처럼 이는 자신이 찾고자 하는 것만 생각하기 때문이며, 하나의 목표만 갖고 있어서 그 목표에 마음을 모두 빼앗기는 까닭이다.

'찾는다'는 것은 하나의 목표만 갖고 있는 상태다. 하지만 '구한다'는 것은 자유로운 상태를 의미한다. 즉, 아무런 목표도 갖고 있지 않아서 모든 것을 찾을 수 있는 것이다. 그대가 눈앞에 널려 있는 수많은 것을 인지하지 못하는 이유가 거기에 있다.

단순하게 찾는다는 생각에서 벗어나 구한다는 생각을 시작해야 성장할 수 있다. 지금 무언가를 시작하는 사람이라면 더욱 이 사실을 기억하라. 무엇보다 자기 자신을 지켜라. 중심을 잡아야 뭐든 구할 수 있다. 바깥에서 부는 바람에 흔들리는 사람은 거의 없다. 대부분 자기 안에서 부는 바람에 흔들려서 방황한다. 분노, 슬픔, 질투 등 내 안에서 나를 흔드는 것들을 제어하라. 그것이 성공과 성장의 시작이다. 그리고 두려움을 반기고 막막한 마음에 영원히 이별을 고하라. 두려움은 내가 변화를 선택했다는 증거이고, 막막함은 안주하기로 했다는 증거이다.

필사할
문장

"오늘도 내가 스스로 선택한 길을

자신 있게 걷는 이유는,

이 길이 아닌

이 길을 선택한

나 자신을 믿기 때문이다."

절대로 다시는
후회하지 않고 살고 싶다면

40

자신의 꿈을 찾아야 한다.
그래야 일상이 좀 더 수월해진다.
또한, 영원히 지속되는 꿈은
없다는 사실을 잊지 마라.
모든 꿈은 곧 새 꿈으로 교체되니,
어느 꿈에도 집착하지 마라.

Hermann Karl Hesse

제목부터 눈물이 난다. '다시는'이라는 표현이 이미 전에 수없이 후회했던 경험이 있다는 사실을 증명하기 때문이다. 이 글은 이제 다시는 후회하지 않고 지혜롭게 살고 싶은 간절한 마음을 가진 분들을 위해서 기도하듯 썼다.

이제 변하겠다는 마음을 품었다면, 우리는 먼저 시간이 얼마나 중요한지 깨달아야 한다. 대부분의 사람은 시간이 돈보다 중요하다는 사실을 머리로는 알고 있다. 하지만 현실에서는 매우 다르게 행동하고 있다. 천 원을 아끼려고 30분이나 줄을 서고, 무언가를 준다는 이벤트나 행사에 참여하려고 자신의 시간을 아낌없이 소모한다. 머리에서 알고 있는 지식이 삶에서 실천이 되지 않는 이유는 그게 사실 너무나 어려운 일이라서다.

사람은 결국 지금 당장 자신에게 이익을 주는 것을 선택하게 된다. 긴 기간이 필요한 일에는 사람이 적고, 빠르게 승부를 볼 수 있는 일에 사람이 몰리는 이유도 같다. '초보자도 3개월이면 완성할 수 있습니다.'라는 홍보 문구는 있지만, '초보자도 3년이면 완성할 수 있습니다.'라는 홍보 문구는 어디에도 없다. 사실 무언가를 제대로 하려면 3년도 모자란 기간인데 말이다. 여기가 매우 중요한 지점이다.

만약 당신이 이 지긋지긋한 절망의 늪에서 벗어난다면, 이제는 정말 다르게 살 수 있다. 다음 3가지 사항을 기도문처럼 읽고 뼈에 문신처럼 새겨보라.

1. 내 시간은 돈보다 소중하다.

2. 나는 길게 보며 움직인다.

3. 일시적인 것에서 벗어나 영원한 것을 보겠다.

시간을 투자할 만한 멋진 일을 찾아서 그것을 꿈이라고 여기며 분투하다가, 때로는 이게 아닌 것 같다는 생각이 들 수도 있다. 더 멋지고 빛나는 꿈이 눈앞에 있다면, 헤세의 조언을 기억하라. 세상에 영원한 꿈은 없다. 모든 꿈은 새로운 꿈으로 대체가 되니, 이전에 품었던 꿈에 미련을 두지 말고 떠나라. 이전에 품었던 꿈에 충실했던 덕분에 지금 눈앞에 더 빛나는 꿈이 선물처럼 주어졌다고 생각하면 된다.

필사할
문장

"사람은 자신이 하고 싶은 일을 해야 한다.

어떤 인생이든 길게 생각하면

결국 자신의 일과 생각으로

인생을 가득 채운 사람이 웃게 된다.

어떤 경우에도 나는 나를 위해 살아갈 것이다."

김종원의 세계철학전집

✕

헤세 for 탄생

4장

관계 깨뜨리기

Hermann Karl Hesse

우아하게 말하는 사람들의
7가지 공통점

41

그대에게 익숙했던 하루를 모두 벗어던져라.
모든 것을 바꿔야 한다.
그리고 그 안에 품위와 고귀한 것을 담아라.
일상에서 먹고 마시면서도
옷을 입고 말을 하면서도
그 생각을 잊지 마라.

Hermann Karl Hesse

기품과 품위를 중요하게 생각한 헤세는 냉수욕으로 하루를 시작해야 할 정도로 엄격하게 자신을 다스려야 한다고 강조한다. 내면을 단단하게 다져야 그 안에서 기품이 향기처럼 흐르기 때문이다. 진지하며 품위 있는 처신, 조금 느리게 걷지만 꼿꼿한 자세, 이 품위 있는 행동이 처음에는 구경꾼들에게는 우습게 느껴질 것이다. 하지만 그 순간을 견뎌야 변화할 수 있다.

이 간절한 마음을 헤세는 "나의 내면에서 그것은 모두 하나의 예배였다."라고 표현한다. 그런 일상을 살기 위해서 가장 먼저 우리에게 필요한 건 언어의 변화다. 우아하게 말하는 7가지 방법을 읽고 이 내용을 그대의 하루에 녹여보라.

1. 호수처럼 아주 잔잔하게 말한다.

빠르게 혹은 급하게 말하려는 모든 시도는 결국 안 좋은 결과만 만든다. 만약 당신이 그런 성향이라면, 허공에 잔잔한 호수를 그리며 말해보라. 그러면 물이 흐르는 것처럼 좀 더 차분하고 자연스럽게 말할 수 있다.

2. 먼저 말하려고 서두르지 않는다.

이기려고 하거나 성격이 급한 경우에 자주 발생하는 사례다. 중요한 건 말하려는 내용이지 순서가 아니다. 조금 더 천천히 그리고 나중에 말해도 충분하다. 나중에 말하면 오히려 말하려는 내용을 곱씹어 생각할 수 있어서 깊어지는 장점까지 만날 수 있다.

3. 잠깐의 침묵을 오히려 즐긴다.

침묵이 어색하고 두려워서 꺼낸 말에 후회한 경험이 있을 것이다. 쉬운 일은 아니다. 친하거나 친하지 않거나 침묵의 시간이 길게 느껴지는 건 모두 마찬가지다. 그러나 이때는 오히려 쉬는 시간으로 여기고 잠깐의 침묵을 즐기는 태도로 임하는 게 좋다. 길어야 5초, 혹은 10초 이내일 뿐이니 그 순간을 충분히 즐기자.

4. 커피를 마시듯 상대의 말을 음미한다.

듣는 건 매우 중요하다. 하지만 어쩌다 상대가 내 말을 듣기는 듣지만 기분이 좀 이상할 때가 있다. 그렇다. 상대가 나의 말을 건성으로 들으면서, 자기 할 말만 생각하며 준비하고 있을 때다. 신기하게도 그게 눈에 다 보인다. 상대방의 말을 들을 때는 깊은 향기가 흐르는 차를 마시듯 차분하게 음미하자. 그러면 그 공간이 순식간에 우아하게 바뀐다.

5. 손을 과하게 쓰거나 다리를 떨지 않는다.

다리를 떠는 건 누구나 알고 있듯 최악이다. 나쁜 감정을 들게 만들기 때문이다. 손도 마찬가지다. 약간의 활용은 대화를 나눌 때 긍정적인 효과를 기대할 수 있지만 과하게 쓰면 좋지 않다. 우아하게 말하고 싶다면, 최대한 말과 눈빛에 집중해서 진심을 전한다고 생각하는 게 좋다.

6. 아주 고요하게 눈을 마주친다.

눈을 피하는 사람이 가끔 있다. 대화를 나눌 때 눈을 피한다는 건, 고개를 돌리고 말을 하는 것과 같다. 당연히 서로의 마음을 느끼기 어렵다. 물론 과한 마주침은 좋지 않다. '나는 지금 당신에게 집중하고 있습니다.'라는 마음이 들 정도의 고요한 마주침 정도가 적당하다.

7. 고마운 마음을 자주 표현한다.

기본이 늘 최선의 방법이다. 고마운 마음을 표현할 때 사용할 수 있는 문장을 대화에서 자주 활용하자. "덕분입니다.", "경탄스럽네요.", "늘 감사합니다.", "좋은 마음이 느껴지네요.", "기대됩니다.", "섬세하시네요.", "초대해 주셔서 감사합니다." 때에 맞게 고마운 마음을 전하는 것만으로도 우리는 자신의 품격을 보여줄 수 있다.

"우아한 사람에게는 우아한 말이 주어지고,

기품이 없는 사람에게는 거기에 맞는 말이 주어진다.

우리는 모두 자기 수준에 맞는 말을 갖고 살게 된다.

나의 미래를 바꾸고 싶다면

오늘 내뱉는 말의 수준을 바꿔야 한다."

현혹하는 세상에서
착각하지 않고 살아가는 법

42

그대는 지금 어디를 걷고 있는가?
혹시 다른 사람의 길이 아닌가?
걷는 내내 힘들기만 한 이유가
바로 거기에 있으니,
너는 너의 길을 걸어라.
그러면 더 멀리까지 갈 수 있다.

Hermann Karl Hesse

숨을 쉴 수 없을 정도로 너무 힘든 날에는, 자기 말을 들어주는 사람에게 자신을 고백할 수 있다는 것 그 자체로 축복이라는 사실을 알게 된다. 아무런 거리낌 없이 자신이 살아온 이야기와 힘든 마음을 털어놓을 수 있다는 것이 얼마나 행복한 일인지 깨닫게 된다. 어떤 날에나 그 어떤 말을 해도 내게 무해한 사람이 있다는 건,

인간이 누릴 수 있는 가장 귀한 행복이다. 하지만 이런 사람을 만나는 건 생각보다 참 어렵다. 이유는 간단하다. 현혹하는 세상에서 자꾸만 속고, 다시 또 속기 때문이다. 내게 무해한 사람과 인연을 맺으려면, 먼저 해로운 사람을 구분하고 멀리할 수 있는 안목을 갖춰야 한다.

정말 자주 들을 수 있는 표현이지만, 그 중심을 들여다보면 의도가 보이는 말이 있다. 대표적으로 이런 것들이다. "의도는 알지만", "입장은 이해하지만", "좋은 방법이긴 하지만" 나를 현혹하는 세상에서 착각하지 않고 제대로 살기 위해서는 이런 말에 녹아 있는 본심을 발견할 수 있어야 한다. 본심을 파악하지 못하면 헤세의 말처럼 나도 모르게 다른 사람의 길을 걷게 되며, 사는 내내 고통만 가득하게 된다.

"의도는 알겠지만"이라고 시작하는 거의 모든 표현은 오히려 의도를 모른다는 명백한 증거다. 상대방의 의도를 정말로 안다면, '알지만'이라는 표현 자체를 하지 않았을 것이다. 나머지도 모두 마찬가지다. "입장은 이해하지만"이라는 말도 이해할 수 없는 마음이, "좋은 방법이지만"이라는 말에도 좋은 방법인지 모르겠다는 마음이 녹아 있다. 진짜로 아는 사람의 표현은 이처럼 단순하며 동시에 분명하다.

"그렇게 하자. 네 말이 맞아."

나머지 모든 표현은 결국 자신의 의지를 관철시킬 도구에 불과하다. 그런 말을 하면서 접근한다면, 당신에게 무언가 바라는 것이 있다고 판단해도 대부분 맞을 것이다.

필사할
문장

"모르는 사람의 언어는 복잡하지만,

아는 사람의 언어는 언제나 가장 간단하다.

복잡하게 들리는 말과 글이 있다면,

그건 나를 현혹하려는 의도에서 나온 것이다."

남에게 미움받는 일에
신경 쓸 필요가 없다

43

나는 때로 우리가 자신의 삶을
너무 사소하게 여기고,
아무렇게나 살아도 된다고
생각하는 건 아닌지 느끼곤 한다.

Hermann Karl Hesse

누군가의 미움을 받지 않고는 살 수 없다. 그건 인간에게는 피할 수 없는 진리다. 문제는 너무 심각하게 생각해서 자신을 망친다는 사실에 있다. 그럴 때 자신을 소중히 여기는 마음을 가져야 한다. 헤세의 말처럼 자신의 삶을 소중히 여기며 가볍게 생각하지 않는 사람들은 오히려 자신을 미워하는 타인들을 대할 때 당당하고 냉정하다. 그들의 삶에서 찾아낸 다음 6가지 태도를 내면에 담고 살아보라.

1. 세상에 날 아껴줄 사람은 넘치도록 많다.
2. 날 미워하는 그는 그저 단 한 사람일 뿐이다.
3. 그가 혼자 나를 미워하는 것일 뿐이니, 내가 굳이 그 사실에 신경 쓸 필요는 없다.
4. 그의 결정은 내 감정에 영향을 주지 않는다.
5. 목표가 분명한 사람은 소음에 연연하지 않는다.
6. 현명한 사람은 내면의 소리에 귀를 기울인다.

사실 제목처럼 이렇게 당당하게 말은 해도 정작 누군가에게 미움을 받게 되면 두렵고 불안하다. 이유는 간단하다. 나를 미워하는 그 한 사람의 존재를 마치 전부인 것처럼 생각(착각)하기 때문이다. 그러나 위에 소개한 사실을 기억한다면, 당장 그 불안한 마음에서 벗어날 수 있다. 우리가 삶의 중심에 두고 생각해야 할 건, 나의 성장과 성취이지 타인의 미움이 아니니까.

"내가 진정으로 뭔가를 원한다면,

그것을 얻을 수 있는

모든 방법을 찾아야 한다.

불안하고 힘든 마음은 지우자.

내게 도움이 되는 감정만 남기면 된다."

원래 진심은
가까스로 전해지는 것이다

44

마음에 슬픔을 품고 있다면 먼저 시를 읽어라.
그리고 명언을 읽고 아름다운 음악을 즐기며,
과거의 근사했던 기억을 떠올려라.
곧 그대의 밝은 나날이 온다.
인생은 분명 좋은 것이다.
그대도 참된 자신으로,
꿈에 그리던 그 모습으로 변신할 때가 온다.

Hermann Karl Hesse

"왜 사람들은 내 진심을 몰라주는 걸까?"
"왜 내가 가진 진실은 전해지지 않는 걸까?"

세상에는 이런 마음을 가진 순수하고 멋진 사람이 많다. 그들은 매우 좋은 마음으로 사업을 하거나, 각종 서비스와 콘텐츠를 만든다. 하지만 참 이상하게도 그들은, 그들이 가진 진심과 진실에

비해서 성장이 매우 느리다. 그러다가 중간에 그냥 사라지는 게 아닐지 걱정이 되기도 한다. 이유가 뭘까? 미움, 시기, 질투, 모함 등 세상의 온갖 나쁜 것들은 그렇게도 쉽게 전해지는데, 왜 좋은 마음은 상대방에게 쉽게 전해지지 않는 걸까?

원래 진심과 진실은 속도가 느리다. 귀한 가치를 품고 있어서 움직이는 데 조금 더 많은 시간이 필요하다. 온갖 거짓과 탐욕이 마치 자신이 주인인 것처럼 차지한 세상에서 아주 천천히 모습을 드러내며 자신의 가치를 알리기 때문이다. 거짓과 못된 마음이 사라진 자리에 진심과 진실이 찾아와 자신의 가치를 더욱 빛낸다.

이에 헤세는 세상을 보라고 외친다. 밝은 나날은 곧 찾아올 것이고, 인생은 분명 좋은 것이다. 조금만 참고 기다리면 꿈에 그리던 그 모습으로 살아갈 날이 찾아온다. 그러니 늘 기억하라. 언제나 진실은 가장 늦게 도착하는 것이며, 겨우겨우 전할 수 있는 것이다. 사람들을 쉽게 유혹할 수 있는 거짓과 탐욕을 이기기 위해서는 시간과 노력이 필요하다.

"내 마음이 진심이라면

걱정할 필요가 없다.

내가 가진 진심과 진실은

그 안에 빛나는 가치를 품고 있어서

조금 느리게 도착하는 것뿐이다.

기다리면 도착할 테니 그저 정진하자."

자기 능력을 제대로 표현하지 못하면
살기 힘든 세상이다

45

말은 정교하지 않아서
생각을 분명하게 표현하기 힘들다.
입에서 나오는 순간
말은 언제나 조금씩 달라진다.
조금 비틀려서 어리석게 변한다.

Hermann Karl Hesse

"생각한 것보다 좋았습니다.", "생각한 것보다는 별로네요."

당신은 주로 어떤 말을 자주 듣고 사는가? 놀랍게도 평가하는 사람은 모두 다르지만, 늘 유사한 말을 자주 듣는 사람이 꽤 많다. 결국 원인은 평가하는 상대가 아닌 나 자신에게 있다는 사실을 의미한다.

자, 하나하나 의미를 살펴보자. 때로는 상대방의 좋았다는 평가를 받는 사람보다 별로라는 평가를 받은 사람의 실력이 더 좋을 수도 있다. 처음부터 기대의 수준이 서로 달랐기 때문에 일어나는 현상이다. 그런데 사실 이는 '언어의 표현력' 관점에서 볼 때 모두 좋지 않다. 모두 주변 사람들에게 자신을 실력과 열정을 제대로 표현하지 못한 나의 책임에서 나온 결과라고 볼 수 있다.

상대방의 입에서 나온 '생각한 것보다'라는 표현 자체가 이미 자신의 능력을 제대로 말로 표현하지 못했다는 증거다. 말로 자신의 재능을 선명하게 표현한 사람들은 '생각한 것보다'라는 표현이 빠지고, 이런 방식의 정확한 평가를 받는다.

"내가 생각한 대로야!", "역시 예상대로 별로네."

그러나 자신이 가진 재능이나 가능성을 제대로 표현하는 것이 쉬운 일은 아니다. 헤세의 말처럼 말은 입에서 나오는 순간 조금씩 달라지고 변해서 언제나 어렵기 때문이다. 하지만 이건 나이가 들수록 더 중요한 부분이라서 꼭 제대로 표현할 수 있도록 자신을 변화시켜야 한다. 자신의 실력보다 과장하는 것처럼 들리는 것도 좋지 않지만, 반대의 경우도 마찬가지로 좋지 않다. 다음 소개하는 5개의 질문을 통해 현재 자신이 하고 싶은 말을 가장 섬세하게 표현해야 한다.

1. 내가 보여주려는 건 무엇인가?

2. 내 능력은 어느 정도인가?

3. 이 표현이 가장 정확한 것인가?

4. 상대가 이해하기 쉽게 표현했는가?

5. 다시 읽어도 충분히 만족하는가?

필사할
문장

"내 입에서 나온 말은 나의 말이 아니다.

상대방의 귀에 들어가서,

그의 마음에 도착한 말이 바로 나의 말이다.

생각한 그대로를 말로 전하려면

그 기나긴 과정을 통과해야 한다."

나쁜 사람에게
굳이 복수할 필요가 없는 이유

46

만약 당신이 어떤 사람을 싫어한다면,
당신은 그 사람 내면에 있는
당신과 닮은 일부를 싫어하는 것이다.
인간은 자신의 일부가 아닌 것에
크게 신경을 쓰지 않는다.

Hermann Karl Hesse

복수하려는 마음은 나쁜 게 아니다. 인간이라면 누구나 가질 수 있는 매우 자연스러운 마음이다. 나를 힘들게 만들거나, 배신의 경험을 준 사람에게 받은 만큼 돌려주고 싶은 마음이 생기는 건 당연한 거니까. 하지만 잘 생각해 보라. 복수심에 휩싸인 채 부모님을 원망할 때, 주변 사람들의 행동과 태도를 비난하며 증오할 때, 솔직히 어떤 생각이 드는가? 나는 왜 그들에게 복수심이 드는 걸까? 나는 왜 그들의 태도와 행복에 분노의 감정이 드는 걸까? 그 이유는 헤세의 말에 모두 나와 있다. 만약 내가 누군가를 싫어한다면, 나는 그 사람 내면에 있는 나와 닮은 부분을 싫어하는 것이다.

인간은 누구나 타인에게서 자신이 갖고 있는 것만 볼 수 있다. 복수심이나 분노와 같은 감정 역시 마찬가지다. 나의 세계를 확장해서 마침내 알에서 나오기 위해서는, 내게 익숙했던 공간과 감정에서 벗어날 수 있어야 한다. 그걸 해내지 못한다면, 영원히 복수와 비난 그리고 분노의 감정에서 빠져나오지 못한 채 늙어가기만 할 것이다.

그래서 헤세는 이렇게 조언한다. "격하고 폭력적인 말들을 입에 담는 건 우리의 일이 아니다. 그 말을 들을 때마다 내 마음마저 불쾌해진다. 나는 그대가 다시는 그런 말들을 입 밖에 꺼내지 않기를 바란다."

이제 생각을 조금씩 바꾸며 의식의 수준을 높이자. 아무리 내가 좋은 사람이라고 해도 살다 보면 나쁜 사람을 만나게 된다. 그러나 좀 더 희망적인 사실은 내가 좋은 마음으로 다가가면 더 좋은 마음을 가진 사람을 만날 가능성이 높다는 사실이다. 물론 아주 가끔은 나쁜 사람을 만나게 되어 삶의 고통을 느끼게 되지만,

좋은 사람을 더 만나게 되니 이득이다.

    게다가 우리는 굳이 상처를 주고 떠난 나쁜 사람들에게 복수할 필요가 전혀 없다. 좋은 사람은 더 좋은 사람을 만날 가능성이 높은 것처럼, 나쁜 사람은 자기보다 더 나쁜 사람을 만날 가능성이 매우 높기 때문이다. 그는 조만간 자기보다 10배는 더 나쁜 사람을 만나, 그가 지금까지 수많은 사람에게 준 고통을 한번에 다 겪게 될 것이다.

"꾸준히 좋은 마음을 갖고 살자.

복수나 증오의 마음을 품으면,

괜히 나만 더 힘들어질 뿐이다.

복수는 세상이 해줄 것이다.

나쁜 사람은 곧 자신보다

10배는 더 나쁜 사람을 만나게 된다."

지혜로운 사람은
상처받지 않고 성장하며 산다

47

인간이 사는 목적은
서로 다른 사람이 되는 것에 있지 않다.
그저 서로가 다른
개성을 지닌 사람으로
인정하며 사는 게 좋다.

Hermann Karl Hesse

　세상에 틀린 사람은 없다. 모든 분쟁은 그저 각자가 달라서 일
어나는 문제일 뿐이다. 헤세의 조언처럼 바랄 수 있는 것 이상을
바랄 때, 우리는 상대방에게 상처를 받게 된다. 그런 상처가 쌓이
고 쌓여서 자란 내 안의 분노는 결국 내가 누려야 할 행복을 조금
씩 갉아먹으며 나를 불행의 늪에 빠뜨린다.

상대의 개성을 인정하며 바랄 수 있는 것 이상을 바라지 않는 것이, 인생을 조용히 즐기는 행복의 기본 조건이다. 그래서 헤세는 "상대가 하는 일을 보고 있는 그대로의 그를 존중하라. 그래야 나와 다른 사람들을 보고 배울 수 있다."라고 말했다. 즉, 다음 3가지 마음을 내 안에서 삭제해야 인간이 사는 목적인 '나와 다른 것을 받아들이며 나날이 배우는 삶'을 살 수 있다.

1. 나와 같아야 한다는 욕심.

2. 저 사람을 바꿀 수 있다는 착각.

3. 내가 저 사람을 바꿔야 한다는 오지랖.

우리가 사는 목적은 누군가와 같은 사람이 되려는 게 아니다. 각자의 개성으로 살아야 서로에게 다른 영감을 줄 수 있다. 그래서 지혜로운 사람은 타인과 달라서 오히려 좋다고 생각하며, 자기 생각 안에서 행복을 키워나간다. 물론 자신을 비운 상태에서 평정심을 유지해야 가능한 일이다. 우리에게는 오직 하나의 목표가 있으니, 내 안에 있는 모든 것을 비우는 일이라는 사실을 기억하자. 세상이 외치는 온갖 소음을 가볍게 스쳐야 평정심을 가질 수 있다.

"나와 저 사람은 같지 않아서 각자가 특별하다.

저 사람의 다른 부분을 받아들이면서

나는 새로운 것을 배울 수 있고,

행복한 성장을 거듭할 수도 있다."

목소리가 아니라,
마음을 들어주는 사람을 만나라

48

우리는 그 어떤 타인도
제대로 이해할 수 없고,
다가가려 할수록
오히려 서로의 차이를
깨닫게 될 뿐이다.

Hermann Karl Hesse

헤세의 삶은 자신을 이해하는 긴 여정이었다. 이건 무엇을 의미하는 걸까? 작정하고 자기 자신을 이해하려고 분투한 헤세에게도 자신을 제대로 이해하는 건 어려운 일이었다. 그런데 그 어려운 일을 타인이 해낼 수 있을까? 그건 거의 불가능에 가까운 미션이다. 그래서 헤세는 '소리'가 아닌 '마음'을 꺼낸 것이다. 언어와 소리는 차이와 오해가 생길 수 있지만, 마음에는 시차가 없기 때문이다. "어떻게 하면 마음에 좀 더 다가갈 수 있을까?"라는 질문을 가슴에 품고 다음 글을 읽어라.

1. 그게 무엇이든 상대가 뭐라고 변명하든, 상대의 말을 들었을 때 기분이 나빠진다면 더 듣지 마라. 그런 방식의 말만 하는 사람과는 굳이 더 만나거나 관계를 이어 나갈 필요가 없다.

2. 대화는 시간의 싸움이다. 듣고 말하기 위해서는 반드시 시간을 투자해야 한다. 무엇보다 당신 자신의 시간을 아껴야 한다. 흐르는 시간보다 가치 있는 말이 아니라면, 당장 그 자리에서 벗어나는 게 현명하다.

3. 좋은 사람에게 나쁜 상황은 없다. 그들은 자신에게 주어진 어떤 최악의 상황에서도, 빛을 찾아내서 고운 말로 전해주기 때문이다. 좋을 때만 좋은 사람 말고, 어떤 상황이든 좋은 말을 들려주는 이를 찾아라.

4. 육아의 목적이 아이를 독립시키는 것인 것처럼, 우리 인생의 목적도 결국 나 자신으로 살아가는 것이다. 다른 사람이 아닌 자기

자신에 대해서 더 자주 기쁘게 웃으며 말하는 사람을 만나라. 그는 자신의 삶을 사는 사람이다.

5. 자기 자신과 대화할 줄 모르는 사람은 주변 사람들과 대화할 때 극도로 분노하며 억지를 부린다. 스스로 깊이 내려가서 자신을 위로하는 방법을 모르는 낮은 수준의 지성을 가졌기 때문이다.

6. 마지막으로, 상대에 대한 믿음을 전하며 기회를 주려는 당신의 마음은 물론 아름답다. 하지만 굳이 그를 바꾸려고 하지 마라. 한 사람이 가진 클래스는 기다리면 바뀌는 신호등이 아니다.

이 긴 글을 압축하면 필사 문장처럼 표현할 수 있다.

"당신은 내 목소리가 아니라,

내 마음을 들어주는 것 같아요.

당신이 음악이라면,

평생 듣고 싶은 곡입니다."

'어려운 시기'라는 말이
나의 자유를 억압한다

49

지금 가진 그 꿈이
그대의 운명이라면,
어떤 일이 생겨도
그대는 그 꿈에
변함없이 충실해야 한다.

Hermann Karl Hesse

"요즘 진짜 다들 어려운 시기잖아."

"어려운 시기에 다들 고생이 많네."

물론 어려운 시기는 맞다. 고생하는 사람들에게 힘을 주려는 마음도 좋다. 하지만 그런 사소한 표현 하나가 우리의 자유를 억압하고 있다는 사실을 자각할 필요가 있다. '현재'를 '어려운 시기'라고 결정하면, 이후부터 발생하는 모든 것들이 '어려우니까 어쩔 수 없지.', '어려우니 별수 없지.'라는 변명이나 핑계로 지워지기 때문이다. 헤세도 이 사실을 매우 중요하게 생각했다. 지금 하고 있는 일에 사명감이 있다면, 또한 그것이 운명이라고 생각한다면, 어떤 시기라도 변함없이 충실하게 임해야 한다고 강조했다.

매일 입버릇처럼, "어려운 시기에 잘 지내시죠?", "어려운 시기지만 같이 잘 견뎌요."라고 말한다면, 스스로에게 고통을 주는 것과 같다. 격려나 위로 차원에서 한 말이지만, 내면에 부정적인 영향을 주는 언어가 계속해서 '무엇을 해도 잘 안되는 나'를 만들기 때문이다.

반대로 주변을 보면 어려운 시기에 오히려 더 멋지게 성장하는 사람들이 있다. 그들에게는 스스로에게 자유를 허락하는 말 습관이 있다.

"세상에는 불경기가 있지만, 내 삶에는 호황기만 있지."

"사양 '산업'은 있어도 사양 '개인'은 없어."

이렇듯 때로 '어려운 시기'라는 말은 성장할 자유를 잃게 만든다. 어렵다는 현실 인식을 하는 건 좋다. 하지만 어려울수록 '어렵다'는 말을 오히려 사용하지 않는 게 자신에게 좋다. 단어가 자신의 자유를 억압해서는 안 된다. 인생의 자유를 얻고 싶다면 그런 자유를 억압하는 방식의 표현을 당장 버리고, 지금 이 순간 무섭게 집중할 수 있는 자유의 언어를 자주 사용하자.

"세상은 어렵다고 말하지만,

나는 변함없이 충실할 것이다.

어떤 일이 생겨도 나는

내 삶에 불경기를 허락하지 않는다."

"미안한데 조금 늦어."라는 말을
입버릇처럼 하는 사람을 조심하라

50

나는 나의 제자가 되어서
스스로에게 배울 것이다.

Hermann Karl Hesse

늘 조금씩 지각하거나 늦는 사람은 입버릇처럼 이 말을 한다.

"아 진짜 미안해. 조금 늦을 것 같아.", "조금만 기다려줘, 금방 도착해."

어떤가? 상대방을 배려한 말이라고 생각하는가? 게다가 문제는 '늘'이라는 데 있다.

친구 사이에서도, 직장에서도, 비즈니스 관계에서도 상황은 제 각각이지만 늘 조금씩 늦는 사람에게는 공통점이 있다. 입으로는 미안하다고 말하지만, 실제로는 미안하다고 생각하지 않는 점이 다. 스스로 이렇게 질문해 보면 간단하게 답이 나온다.

"미안한데 왜 늦어?"

미안하다고 말하면서 왜 늘 늦는 걸까? 결국 상대는 입으로만 미안하다고 할 뿐, 전혀 미안한 감정이 없다. 이런 사람은 특별히 더 조심해야 한다. 이들은 자신을 매우 특별한 존재라고 생각한다. 다시 말하면 모든 상대방의 상황과 일상을 사소하고 가볍게 여긴 다. 전혀 미안한 마음을 갖지 않는 이유도 그 가벼운 마음에서 시 작한다.

"이 정도 기다리는 게 뭐 대단하다고!"

"그 정도는 기다릴 수 있잖아?"

"조금 늦을 수도 있는 거지 뭐."

이런 사람들과는 되도록 인연을 맺지 않는 게 좋다.

헤세가 자신의 제자가 되어서, 스스로에게 배우겠다고 말한 이 유도 여기에 있다. 나의 실수, 나의 실패, 그리고 잊고 싶은 수많은 과거는 집중해서 읽고 기억해야 할 삶의 교과서와도 같다.

이 사실을 잊지 말자. 남은 절대로 늦으면 안 되지만, 자신에게 는 한없이 관대한 사람들과 인연을 맺으면 나중에 다양한 부작용이 생길 수 있다. 이를테면 자신은 100번 늦어도 괜찮지만, 그걸 모두 참아준 상대가 한 번 늦게 오면 참지 못하고 분노할 가능성이 높다.

　모든 말에는 그 사람이 어떤 태도를 가진 사람인지 확인할 수 있는 생생한 증거가 녹아 있다. 듣기만 하지 말고, 그 사람의 말을 보라. 그가 나타날 때까지.

"어른은 많이 배운 사람이 아니라
하나라도 실천하는 사람이고,
어휘력이 풍부한 사람이 아니라
단어를 골라서 쓸 줄 아는 사람이다.
그런 자제력과 지성을 가진 어른만이
관계를 더욱 아름답게 만들 수 있다."

잘 사는 사람들은
애써 설득하지 않는다

51

인생의 의미가 있고 없고는
내 책임의 범위에서 벗어난 것이다.
하지만 단 한 번만 주어지는
나의 인생에서 무엇을 하며 살지는
전적으로 나의 책임이다.

Hermann Karl Hesse

"난 앞으로 이걸 할 예정이야."

"내 선택과 계획에는 이런 의미가 있어."

이런 방식의 말을 듣게 되면 뭔가 개운하지 않은 이유가 뭘까?
아직 실천 못 했거나 무엇 하나도 실현하지 못한 상태라서 말뿐일
가능성이 높기 때문이다. 헤세 역시 이런 상황을 매우 중요하게

생각하며, "인생의 의미는 전적으로 나 자신에게 있고 그건 대부분 실천의 영역에 존재한다."라고 말했다. 실제로 무언가를 했다면, 자신이 한 것만 설명하면 된다. 애써 계획표를 내밀며 설득할 필요 없는 인생을 살 수 있는 것이다.

내가 잠을 줄이며 사는 일상을 이야기를 하면, 어떤 사람은 하루 8시간 이상은 자야 나머지 16시간을 잘 쓸 수 있다고 주장한다. 그러면서 누구나 아는 유명인의 사례를 가져와 나를 설득하려고 애쓴다.

그런데 여기에는 이런 안타까운 사실이 존재한다. 타인의 사례를 가져와서 주변을 설득하는 사람들은 8시간 수면만 끈질기게 지키지, 나머지 16시간은 마치 영원히 살아갈 사람처럼 쓸데없이 소모하며 산다. 그는 그저 매일 8시간 이상 자고 싶었을 뿐이며, 그런 자신의 욕망을 설득하기 위해 나머지 16시간을 효율적으로 살 수 있다는 타인의 사례를 차용한 것뿐이다.

언제나 순서가 중요하다. 가장 중요한 건 16시간의 활용이다. 16시간을 치열하게 보낸 사람들은 자신의 수면 시간이 어느 정도인지 신경도 쓰지 않는다. 매일 자신에게 주어진 하루를 불태운 사람들은 눕는 순간 바로 잠들고, 다시 일어나 또 그 하루에 집중하기 때문이다. 사실 14시간을 집중할 수 있다면 10시간을 자도 아무런 상관이 없다. 집중은 쉬운 일이 아니다. 현실은 가장 공부를 잘하는 아이가 가장 마지막까지 도서관에 남아 있고, 가장 글을 잘 쓰는 사람이 매일 가장 많은 글을 쓴다.

"잘 사는 사람은 애써 설득하지 않는다.

설명으로 충분한 삶을 살고 있어서다.

쉴 시간은 나중에 계획하라.

먼저 무언가를 해보는 게 우선이다."

나를 괴롭히는
불편한 생각에서 벗어나는 법

52

차라리 마음을 없애고 싶을 정도로
힘들고 아픈 날이 있다.
고통이 그대를 찾아왔을 땐,
강한 마음으로 마주하며 이겨내라.

Hermann Karl Hesse

"내게 그런 불행한 일은 일어나지 않을 거야."

이렇게 굳게 믿고 살다가도 믿었던 사람에게 크게 배신을 당하
거나, 사랑과 사업에 실패하게 되면, 누구든 무너질 수밖에 없다.
하지만 그럴 땐 헤세가 강조한 것처럼 삶은 진정한 나를 찾아가
는 길이라고 생각하며 이겨내야 한다. 아픈 순간도, 눈물이 흐르는

시간도 모두 소중한 내 인생의 기록이자 반짝이는 흔적이다. 삶의 다양한 장면에서 그대를 구해줄 문장을 소개하니, 읽으며 마음을 다잡아 보라.

1. 모든 게 다 내 잘못은 아니야.

2. 때로는 실패하고 못 할 수도 있지.

3. 재대로 하나 배웠다고 생각하자.

4. 지금도 나는 나아지고 있어.

5. 내 기분을 가장 먼저 배려하자.

6. 어딜 가도 절반은 날 싫어하는 게 당연해.

7. 대신 날 좋아하는 절반에 최선을 다하자.

8. 공감은 그들의 몫이니 신경 쓰지 말자.

9. 남 눈치를 너무 보면 내 색이 사라져.

10. 인맥은 넓히는 게 아니라 좁히는 게 핵심이야.

11. 중요한 일이라면 당당하게 주장하는 거야.

뭐든 시작할 때 너무 상황에 신경을 쓰면, 자꾸만 불편한 생각만 머리에 가득해진다. 아무리 능력이 뛰어나도 불편한 생각이 늘어나면 실력을 발휘하기 어렵다. 그럴 땐 앞에 소개한 11가지 말을 속으로 읽으며, 조용히 자신감과 용기를 되찾으면 된다.

"나라는 존재는

나만 증명할 수 있으며,

나만이 나를 치유할 수 있고

또 조용히 안아줄 수도 있다.

나는 내게 따뜻한 이불과 같은 존재다."

김종원의 세계철학전집
✕
헤세 for 탄생

5장

일상 깨뜨리기

Hermann Karl Hesse

자신에게 딱 맞는
워라밸을 찾는 법

53

내가 실제로
스스로 실천하며,
그대로 살아본 생각만이
내게 가치가 있다.

Hermann Karl Hesse

"야, 인생에서 워라밸이 중요해!"

"방송에서 전문가들이 하는 말 못 들었냐?"

"어떤 교수가 그러던데, 그건 답이 아니라네."

누군가 무언가를 하려고 하면 순식간에 이런 방식의 말들이 쏟아진다. 공통점이 뭐가 있을까? 맞다. 모두가 다 남의 생각에서 나온 말이다. 일과 삶의 균형을 찾아서 행복하게 사는 걸 '워라밸'이라고 부른다. 그런데 주변을 보면 워라밸을 갈구하지만, 자기만의 워라밸 기준을 제대로 찾았다는 사람은 본 적이 없다. 이유가 뭘까? 너무 이상적인 것이라서일까? 그건 아니다. 단어를 차분히 사색하면 금방 답을 찾을 수 있다.

워라밸의 핵심은 '균형'이다. 균형이란 어디로도 쏠리지 않는 정중앙을 말한다. 중간을 찾으려면 어떻게 해야 할까? 대부분 여기에서 실수를 한다. 잘 알지도 못하면서 한 번에 혹은 두 번에 정확하게 중간 지점을 찾으려고 한다. 그러나 그건 불가능에 가깝다. 워라밸의 본질은 여기에 있다.

"경험을 통해서 불균형이 무엇인지 알아야, 그 삶의 균형점을 찾을 수 있다."

헤세가 스스로 실천하며 그대로 살아본 생각만이 우리에게 영향을 미칠 수 있다고 말한 이유도 바로 여기에 있다. 그냥 생각이 아닌, 삶에서 치열하게 마찰하며 경험해 본 생각이어야 한다. 내 주변에 있는 워라밸을 찾은 사람들에게는 이런 공통점이 있었다. 치열하게 자신을 끝까지 밀어붙인 사람들이라는 사실이다.

나도 마찬가지다. 하루 18시간 동안 치열하게 일했던 시절이 있었고, 적정 수면 시간을 찾기 위해서 이런저런 테스트를 많이 해봤다. 지금 내 삶의 루틴은 그렇게 극단에서 시작해서 조금씩 정해진 것들이다. 어떤 노력도 하지 않은 상태에서 처음부터 중간을 찾으려고 한 게 아니라, 양 끝에서 조금씩 내 삶의 중앙을 향해서 나온 결과로 찾은 것이다.

"각자의 워라밸 기준은 달라야 한다.

치열한 불균형의 경험을 통해서

자기만의 균형점을 찾은 사람만이

자신이 살아본 생각을 통해서

일상을 즐길 수 있다."

세상 가장 진실하며 창의적인 활동은
댓글 쓰기이다

54

진실이란 스스로 경험하는 것이지,
타인에게 배울 수 있는 것이 아니다.
진실한 마음으로 하루를 살며
스스로 깨닫게 된 진실만이
값비싼 가치를 지니고 있다.

Hermann Karl Hesse

진실한 마음으로 하루를 살고 싶은 사람에게 가장 필요한 게
뭘까? 매우 어려운 질문일 수 있다. 하지만 나는 수많은 경험으로
그게 무엇인지 알고 있다. 바로 '댓글 쓰기'다.

댓글의 가치를 제대로 모르는 사람들이 많다. 댓글을 그저 상
대방이 하나 남겨주면 나도 하나 남겨주는, 그런 교환으로만 인식

하는 경우도 꽤 많다. 이제 그런 삶에 안녕을 고하자. 댓글 쓰기는 당신의 생각보다 더 위대하고 진실하며, 더구나 매우 창의적인 활동이다. 모든 비밀은 질문 2개면 간단하게 증명할 수 있다.

"당신은 왜 글을 쓰는가?"

→ 내가 보고 듣고 느껴서 깨달은 것을 쓴다.

"그러면 타인의 글에 댓글을 쓰면, 당신은 무엇을 얻게 되는가?"

→ 내가 보고 듣고 느끼지 못한, 타인의 깨달음을 순식간에 배운다.

질문 2개만으로도 당신은 이제 왜 댓글 쓰기가 위대한 지성의 도구인지 알게 되었을 것이다. 우리는 댓글을 쓰는 것만으로도 타인이 어렵게 깨닫게 된 삶의 진실을 배울 수 있다. 극단적으로 예를 들자면, 내가 10시간 동안 쓴 엄청난 분량의 포스팅 하나보다, 타인이 쓴 글에 적는 3줄의 댓글이 내게 훨씬 지적으로 이득이다. 내가 모르는 세계를 단숨에 가질 수 있기 때문이다.

나는 전혀 모르는 사람이 쓴 글에서 영감을 받거나 경탄했을 때, 그 귀한 마음을 담아 댓글을 쓴다. 물론 전혀 모르는 사람이 쓴 댓글을 보며 그가 나를 이상하게 생각할 수도 있다. 하지만 나는 반드시 고마운 마음을 담아 댓글을 쓴다. 3줄의 댓글을 써야 내가 읽은 그 내용이 나의 것이 되어 가치를 지니기 때문이다.

'댓글 품앗이'라는 말이 있다. 댓글을 그렇게 낮은 수준으로 대하지 마라. 댓글은 짐작도 할 수 없는 모르는 세계를 알려주는 지성의 통로이며, 글쓰기를 연습할 수 있는 가장 작은 장치이기도 하다.

매일 어딘가에 3개 이상의 댓글을 쓰며 3개월을 보낸다면, 당신의 지적 수준 자체가 달라질 것이다. 댓글 쓰기, 여기에서부터 시작해 보라. 그리고 꼭 기억하자. 일주일 정도 댓글을 쓰다가 결국 다시 예전처럼 돌아갈 확률이 98%인데, 그걸 이겨내고 습관으로 만들 수 있다면, 당신은 통계에서 벗어난 삶을 즐길 수 있다.

필사할
문장

"무언가를 읽고 나서 반드시 댓글을 쓰자.

댓글을 쓰면서 나는 상대방이 깨달은 것을

나만의 시선으로 표현하는 법을 알게 되며,

스스로 깨닫게 되는 행운의 순간까지 만나게 된다."

뜻을 세우면
그 뜻이 길이 된다

55

내가 누군가를 두려워한다는 건,
그에게 나를 지배할 힘을
내주었다는 사실을 증명한다.
나는 이 세계에 속하지 않았다.
결코 이 세계와 맞지 않는 사람이었다.

Hermann Karl Hesse

무언가를 하기 싫은 이유에는 크게 3가지가 있다.

1. 뻔해서 굳이 할 가치가 없다.

2. 다른 사람도 쉽게 할 수 있는 일이다.

3. 너무 힘들어서 고생이 눈에 뻔히 보인다.

한번 잘 생각해 보라. 당신이 무슨 일을 하든, 그 모든 일은 위에 열거한 3가지 중 하나로 특정할 수 있다. 글을 쓰던 초창기 시절에 나는 주로 1, 2번에 해당하는 주제의 글을 썼다. 그게 가장 쉽고 빠르게 결과를 낼 수 있는 방법이었기 때문이다. 그러나 아무리 수많은 책의 탈고를 거쳐도 스스로 만족하지 못했고, 당연히 누군가의 공감과 지지도 얻지 못했다.

하지만 어느 순간부터 나는 3번에 해당하는 주제와 내용을 선택해서, 미치도록 어렵게 글을 쓰게 됐다. 당시 내가 "이 주제로 책을 써서 내려고 해."라고 말하면 주변 사람들 모두가 말렸다. 너무나 힘든 주제였기 때문이다. 그래서일까? 이제는 책이 나온 후, 내 책을 읽다 보면 저절로 이런 생각이 든다.

"이 책을 내가 대체 어떻게 쓴 거지?"

"다시 쓰는 건 절대 상상도 하고 싶지 않다."

"아, 이 고생을 내가 했다고?"

그 이유는 쓰는 동안 했던 고생이 뼈에 사무칠 정도로 느껴져서, 다시는 그런 나날을 반복할 수 없다고 생각해서다. 그러나 결국 인간의 성장은 고생이 눈에 뻔히 보이는 일을 선택해서, 예상 이상의 고생을 하는 동안 이루어진다.

헤세의 조언 역시 내 생각과 결을 같이 한다. 책이 나온 후 좋지 않은 결과가 생길 것을 두려워한다면, 나쁜 결과가 나를 지배할 힘을 스스로 주었다는 사실을 의미한다. 그래서 혜세는 이 세계와 맞지 않는 사람이 되라고 조언한 것이다. 속도와 결과만을 중요하게 생각하는 이 세계의 논리에서 벗어나, 너무 힘들어서 고생이 눈에 뻔히 보이는 일에 인생을 투자하라는 것이다.

어떤 어려운 선택을 할 때 미래에 그 고생이 눈에 보이지 않는 사람은 없다. 그래서 애써 그걸 외면하고, 누구나 할 수 있는 가치가 없는 것을 선택하며 시간을 낭비하며 살게 된다. 하지만 그럼에도 불구하고 고생하겠다는 각오로 뜻을 세운다면, 이전과는 전혀 다른 근사한 결과를 만나게 된다.

"오늘 선택한 '고생'은,

내일 살아갈 '생명'을 준다.

눈에 뻔히 보이는 힘든 고생만이

우리에게 선명한 성장의 힘을 준다.

모든 영혼을 담은 창조물은

수많은 고생의 결과다."

성장의 시선으로 살아가는 사람은
언제나 현재를 본다

56

과거에는 아무것도 없었고,
미래에도 아무것도 없을 것이다.
모든 것은 현재에 존재한다.
성장의 본질은 오직 현재에만 있다.

Hermann Karl Hesse

작가 입장에서 별로 기대하지 않았던 책이 갑자기 이슈가 되어 잘 팔리게 되면 "아깝다. 계약할 때 내게 조금 더 유리한 조건으로 했다면 좋았을 텐데."라는 후회를 하게 된다. 그러나 그런 후회를 아무리 수천 번 반복해도 현실은 달라지지 않는다. 오히려 "그때 모든 출판사가 퇴짜를 놨지만, 이 출판사에서 책을 낼 수 있게 허락해 줘서 덕분에 지금 이렇게 기분 좋은 현실을 맞이할 수 있네."
라며 과거의 선택에 감사하는 게 자신의 미래를 위한 현명한 선택
이다.

헤세의 말처럼 성장은 과거에 존재하지 않는다. 성장하며 살아
가는 사람들의 시선은 언제나 돌아갈 수 없는 과거가 아닌, 스스
로 언제든 바꿀 수 있는 현재에 둔다. 현재의 시선으로 자신을 파
악하고, 현재의 가치로 미래를 구상한다. 성장의 본질은 언제나 바
로 지금, 현재에만 있기 때문이다.

SNS에서 누군가 자신의 책이 잘 팔리고 있다고 하면, 다른 누
군가는 "10년 혹은 20년 전이라면 더 많이 팔렸을 텐데."라며 책
이 많이 팔리지 않는 현재를 비관한다. 하지만 나는 그런 과거 지
향적인 생각은 아예 시동도 걸지 않는다. 오히려 책이 팔리지 않
는 시대라서 나처럼 글에 재능이 없는 사람도 작가가 되어 책을
낼 수 있으니, 이런 현실이 오히려 다행이라고 생각한다.

이런 생각의 흐름이 성장에 중요한 이유는, 과거에 매달리면
'어차피 책이 팔리지 않는 시대니까 대충 쓰자.'라는 생각을 하게
되지만, 현실에 시선을 두고 바라보면 '그래도 진심을 다하면 가
능성은 언제나 존재한다.'라고 생각해서 나름의 방법을 창조하게
된다. 이미 지나간 과거로 현실의 문제를 해결할 수는 없다.

그래서 헤세 역시 늘 성장하려면 현재를 바꿔야 한다고 강조했

다. 시대가 아무리 변해도 본질은 달라지지 않는다. 언제나 현실이라는 대지 위에 발을 올린 상태에서 목표 지점을 바라봐야 나아갈 길이 보인다.

"어떤 분야든 모든 승부는

가능성이 여전히 존재한다고

생각하는 사람들과의 게임이다.

스스로 가능성이 없다고 생각하거나

과거에 매몰된 사람들은 나의 경쟁자가 아니다.

그들은 스스로 자신을 포기한 사람이므로."

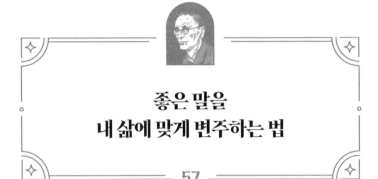

좋은 말을
내 삶에 맞게 변주하는 법

57

이 세상의 모든 책이
그대에게 행복을 안겨주지는 않는다.
하지만 그대 자신 속으로
들어가는 길을 조용히 알려준다.

Hermann Karl Hesse

    세상에서 유행하는 모든 좋은 말이 그저 다 좋은 것만은 아니다. 때로는 비판적으로, 때로는 내게 맞게 변주해서 해석할 줄 알아야 진짜 가치를 찾아서 내 삶에 이식할 수 있다. 이를테면 이런 말이 있다.

"하기 싫어도 끝까지 해라.

감정은 사라져도 결과는 남는다."

물론 굳은 의지와 끝까지 해내는 힘의 가치를 강조한 매우 멋진 말이다. 나도 좋아하는 말이다. 하지만 나는 반대로 생각할 필요도 있다고 생각한다. 바로 이렇게 말이다.

"너무 힘들면 제발 중간에 멈춰라.

결과는 얼마든지 다음에 내면 되지만,

한번 다친 감정은 회복이 불가능하다."

내가 이렇게 생각한 이유는 앞의 문장도 물론 좋은 의미를 담고 있지만, 내 삶의 원칙과는 맞지 않아서 그렇다. 내 삶의 원칙은 이렇다.

1. 마음을 아프게 하는 글은 쓰지 않는다.
2. 힘든 상태에서 쓴 글은 읽기도 힘들다.
3. 분노해서 쓴 글에는 분노만 가득하다.

그런 감정을 견디고 겨우겨우 완성한다면 물론 결과는 남겠지만, 그 과정에서 다친 내 감정과 마음은 영원히 치유가 불가능하다. 마음은 한번 다치면 다친 그대로 평생 살아야 하기 때문이다.

헤세의 말처럼 모든 책과 글이 우리에게 행복을 주는 건 아니다. 모두에게 맞는 말은 없다. 우리는 저마다 다른 세상에 살고 있으며, 각자가 가진 삶의 원칙도 모두 다르다. 그러니 좋다는 말을 듣고 읽을 때는, 꼭 자기만의 시선으로 그 말을 해석해야 변주할 수 있으며 동시에 성장할 수 있다.

필사할
문장

"그냥 읽으면 그냥 사라진다.

하나라도 남기고 싶다면

자기만의 눈을 활용해야 한다.

내게 맞게 변주해야,

내 안에 단단하게 심을 수 있다."

뭐든 잘하는 사람은
흔적을 남긴다

58

삶이 힘겨울 때,
비로소 그 사람의 본성이
선명하게 드러난다.

Hermann Karl Hesse

마치 루틴처럼, 동네에 새로운 식당이 생기면 나는 영업시간과
쉬는 날짜를 가장 먼저 본다. 그리고 그 숫자와 글자만으로, 그 식
당에서 제공하는 음식의 수준과 손님을 대하는 태도까지 짐작한
다. 대단한 연구는 아니지만, 놀랍게도 내 짐작은 99% 이상 적중
한다.

이를테면 하루는 동네에 빵집이 생겼는데, 나는 쉬는 요일과 영업시간만 확인하고 "여기는 앞으로 내가 자주 가야 할 맛집이다!"라는 결론을 내렸고, 실제로 맛을 보자마자 반해서 모든 메뉴를 다 즐긴 후 여전히 매주 1회 이상 찾아가고 있다.

내가 맛을 보기도 전에, 아니 빵이나 셰프의 모습도 보기 전에 맛과 태도를 짐작할 수 있었던 이유는 바로 여기에 있다.

"영업시간 오전 7시-오후 8시. 매주 화요일에 쉽니다."

이 시각과 요일에 모든 경쟁력이 녹아 있었다. 생각해 보자. 혼자 빵집을 운영하면서 20가지 넘는 빵을 만드는 오너 셰프가 오전 7시에 문을 열려면 대체 몇 시에 일어나서 준비를 하는 걸까? 또 한 사람 마음이 남들이 놀 때 자신도 놀고 싶은 게 사실인데, 그는 전혀 다른 선택을 했다. 손님을 배려하는 마음으로 주말 내내 영업했으며, 자신은 가장 손님이 없는 날인 화요일에 휴식을 취했다. 그것도 단 하루만.

이렇게 뭐든 잘하는 사람들은 여기저기에 자신의 흔적을 남기고, 그게 무엇을 의미하는지 아는 사람들은 굳이 맛을 보거나 경험하지 않아도 그냥 숫자와 글자만 봐도 알게 된다.

사는 내내 불경기가 아닌 적이 없었고, 사는 게 편안한 시절도 없었다. 다만 헤세의 말처럼 그렇게 삶이 힘겨울 때, 비로소 사람의 본성이 선명하게 드러난다. "누가 몰라서 그러냐? 힘들어서 못하지!"라고 말하는 사람들은 진짜 아는 사람이 아니다. 그들은 다만 '힘든 걸 참고 이겨낼 정도의 가치를 몰라서 시작하지 않는 것'이기 때문이다. 그들은 사실 잘 모르는 것이다. 정말 당연한 말이지만, 알면 왜 시작하지 않겠는가?

"정말 아는 사람들은 시작한다.

안다면 지금 시작하고,

모르면 배울 의지를 다져야 한다.

진짜 아는 사람은 안다고 말하지 않는다.

그 시간까지 아껴서 실천에 투자하니까."

무기력한 삶에 안녕을 고하고
인생의 결을 아름답게 바꾸는 20가지 확언

59

그대의 고독과 감정, 그리고 운명에
언제나 "네."라고 답하라.
그것 말고 다른 방법은 없다.
나는 내가 선택한 길이
어디로 통하는지 알 수 없다.
다만 그 길은 반드시
아주 중요한 곳으로 이어질 것이다.

Hermann Karl Hesse

인생의 후반부로 갈수록 말은 더욱 중요해진다. 이때 헤세의 말처럼 확언이 중요한 이유가 있다. 타인에게 하는 말보다 자신에게 하는 말이 인생에 더 큰 영향을 미치기 때문이다. 나이가 들수록 희망이 줄어들고 삶은 지루해지며, 무기력에 빠질 가능성이 높아진다. 이때 다음 소개하는 20가지 확언을 매일 자신에게 들려주면, 아무것도 하기 싫은 무기력한 삶에 안녕을 고하고 인생의 결을 아름답게 바꿀 수 있다.

1. 나는 오늘 내가 생각하는 대로 될 것이다.

2. 살아 있으므로 여전히 내게는 희망이 있다.

3. 나와 내 가족에게는 늘 좋은 소식만 가득하다.

4. 나를 위해 사는 것이 곧 모두를 위한 것이다.

5. 나는 늘 가능하다는 생각에서 모든 계산을 시작한다.

6. 내가 소망한 것은 언제나 곧 현실이 된다.

7. 나는 언제나 사랑 안에서 존재한다.

8. 성장의 모든 에너지와 재료는 이미 내 안에 있다.

9. 절망과 고통은 나를 이길 수 없다.

10. 하늘과 햇살, 구름과 별은 모두 나를 위해 존재한다.

11. 나는 내가 알고 있는 것보다 더 강하고 지혜롭다.

12. 누구도 나의 세계를 조정하거나 파괴할 수 없다.

13. 내 눈과 입, 그리고 마음은 좋은 것만 담는 지성의 상자다.

14. 못된 말과 거짓, 그리고 비난은 나의 언어가 아니다.

15. 지금도 잘하고 있고 앞으로도 더 잘할 것이다.

16. 희망은 어둠 속에서 피는 꽃이다.

17. 현실은 초라해도 눈과 가슴에는 늘 꿈을 품고 산다.

18. 나는 내가 스스로 정의한 세상을 살 것이다.

19. 내 가치는 오직 나만 정할 수 있다.

20. 나는 나를 구성하는 모든 것을 사랑한다.

필사할
문장

"삶이 다시 나를 고독하게 만들고

무기력한 공간으로 안내해도

그럼에도 나는 "네!"라고 답할 것이다.

주어진 운명을 사랑하는 마음으로

나의 길을 걸어갈 것이다."

어떤 무기력도 이겨내는
회복의 말

60

나는 내 속에서 솟아나는 그것,
바로 그것을 살아보려고
오랜 시간 분투했다.
그게 왜 그토록 어려웠을까?
나는 왜 나를 한곳에 묶어두고
거기에 익숙해졌을까?

Hermann Karl Hesse

헤세가 남긴 말 중 가장 아름답고, 또 슬픈 말이다. 대부분의 사람이 죽는 날이 다가와서야 비로소 후회하며 느끼는 감정이기 때문이다. "나는 대체 언제 이렇게 늙어버린 걸까?", "나는 왜 내가 그토록 원하는 인생을 살지 못하고 나이만 먹은 걸까?" 늙어서 아무리 후회를 해도 과거로 돌아갈 수는 없다. 이 말은 즉 세상에 늦은 시작은 없다는 말과 연결된다. 모든 시작은 아름답고 그 자체로 빛난다.

　지금 그대의 가슴에서는 무엇이 솟아나고 있나? 그걸 실천하려면 무엇을 해야 하나? 나는 지금 나를 어떻게 바꿔야 하나? 이 모든 질문에 답해보라. 그리고 다음 소개하는 회복의 말을 가슴에 담고, 그토록 간절히 원하는 자신의 삶을 살아보라.

　1. 아무리 불가능한 것들도

　　큰 소리로 말하면 점점 가능해진다.

　2. 괴로움이 한계에 도달할 때,

　　나는 비로소 한 걸음 전진한다.

　3. 나의 진짜 직업은

　　나의 길을 찾는 것이다.

　4. 진실은 가르치는 게 아니라,

　　그대로 살아보는 것이다.

5. 내가 배워야 할 것들은

책이 아닌 나의 내면에 가득하다.

헤세의 말처럼 인생을 한곳에 묶어두고 거기에 익숙해지는 순
간, 무기력이 마치 파도처럼 우리에게 밀려오게 된다. 언제나 떠
날 수 있고 웃으며 방황할 준비를 마친 사람만이, 그 거대한 무기
력이라는 파도에서 자유롭게 헤엄칠 수 있다. 회복의 말을 통해서
오래된 자신에게서 벗어나, 그토록 만나고 싶었던 자유로운 그대
자신과 조우하라.

필사할
문장

"내 가슴에서 솟아오르는 그것,

나는 그것이 부르는 하루를 살 것이다.

그것이 아닌 다른 것은 그저 소음일 뿐,

나는 내가 그토록 소망하는 내가 될 것이다."

인생을 좋은 방향으로 바꾸는
5가지 생각

61

쓰는 것도 좋지만,
생각하는 것은 더 좋다.
똑똑한 것도 좋지만,
인내하는 것은 더 좋다.

Hermann Karl Hesse

헤세와 나는 계속해서 쓰는 삶과 지성에 대해서 강조했다. 그러나 이번에는 쓰는 것보다는 생각하는 것이, 똑똑한 것보다는 인내가 더 좋다고 말할 생각이다. 조금만 생각하면 이해할 수 있다. 좋은 것들은 언제나 선순환으로 이어진다. 생각이 깊어지면 거기에서 나오는 글도 깊고, 인내력이 강해져야 버텨서 얻을 수 있는 지식과 지혜의 양도 늘어난다.

그러나 생각이 꼭 모두에게 좋은 것만은 아니다. 생각이 반드시 현실이 된다는 말은, 때로 최악의 불운이기도 하기 때문이다. 불길한 생각은 자꾸만 현실이 된다. 이유가 뭘까? 좋은 생각은 반복해서 하지 않지만, 불길한 생각은 자꾸만 반복해서 하기 때문에 일상이 거기에 맞춰 변화한다.

우리의 뇌는 우리가 자주 생각하고 내뱉은 말을 현실이라고 인식한다는 사실을 꼭 기억하라. 그렇다면 인생을 좋은 방향으로 바꾸려면 어떻게 해야 할까? 우리가 살아가며 하는 생각을 크게 5개로 나누면 이렇게 말할 수 있다.

1. 꼭 해야 할 생각.

2. 하면 좋은 생각.

3. 할 필요 없는 생각.

4. 하면 안 될 생각.

5. 절대 피해야 할 생각.

보기만 해도 알겠지만 1번과 2번을 주로 선택해야 하는데, 대부분이 4번과 5번을 자꾸 선택하고 그것도 모자라 반복까지 하면서 자신의 하루를 망치는 경우가 많다. 1, 2번을 선택해도 4, 5번을 선택해도 당신의 인생은 바뀐다. 그러나 1, 2번은 당신에게 가장 좋은 것을 4, 5번은 가장 안 좋은 것을 안겨줄 것이다.

모두의 인생은 각기 다르다. 그러니 지금 당장 "나의 1, 2번은 무엇인가?"라는 질문을 통해 나온 것들을 기록해 보라. 기록한 것을 낭독하고 필사하며 내면에 차근차근 담자. 입버릇처럼 툭 나올 수 있게 만드는 게 중요하다. 그렇게 되면 일상의 모든 순간 1, 2번을 자주 기억할 수 있게 되어서, 거기에 맞는 생각과 선택을 하는 삶을 살 수 있다.

"나는 꼭 해야 하는 생각을 하면서
내 인생을 더 좋은 방향으로 이끌 것이다.
더 깊은 생각이 더 깊은 글을 내게 주고,
내가 인내한 것이 내게 깨달음을 준다는
멋진 사실을 잊지 않고 기억할 것이다."

크게 놀라거나 분노하지 않고
차분하게 살아가는 법

62

나는 생각할 수 있고,
기다릴 수 있으며,
단식할 수도 있다.

Hermann Karl Hesse

"세상에 사기꾼이 왜 이렇게 많아!"

"대체 믿을 수 있는 사람이 왜 이렇게 없어?"

"내 주변에서는 왜 이렇게 나쁜 일만 일어나는 거야!"

언론이나 각종 방송을 보면 사기를 당했다는 사람들이 참 많
다. 요즘에는 주로 메일이나 DM 혹은 각종 메시지를 통해 사기

가 이루어진다. 이때 방법은 둘 중 하나. 좋은 소식으로 우리를 유혹할 때가 있고, 반대로 불길한 소식으로 유혹할 때가 있다. "이거 진짜 좋은 기회 아닐까?", "불안한데, 뭔가 엄청난 일이 일어나는 거 아니야?" 둘 다 스치기 힘든 주제라서 유혹에 흔들릴 수도 있다. 그럴 때 내게는 이 모든 것을 순식간에 스칠 수 있게 돕는 생각의 원칙이 있다. 바로 이것이다.

1. 좋은 건 나한테까지 오지 않는다. 세상의 모든 좋은 것은 금방 순서가 끝난다. 줄을 서도 갖기 힘든 그 좋은 것들이 가만히 앉아 있는 나한테까지 오진 않는다.
2. 나쁜 건 급한 사람이 찾아오기 마련이다. 서둘지 마라. 그게 가짜가 아닌 진짜 나쁜 소식이라면 급한 사람이 곧 찾아올 것이다. 기다리면 모두 풀릴 문제다.

어떤가? 자연스럽게 헤세의 조언에 대한 설명이 되지 않는가. 유혹에 쉽게 넘어가지 않는 사람들은 공통적으로 스스로 생각할 수 있으며, 순간적이며 단기적인 이득이 이끄는 유혹에 빠지지 않고 차분히 기다릴 줄 안다. 왜 지혜로운 사람들의 일상은 늘 차분할까? 늘 끈기와 인내를 가슴에 품고, 차분한 마음으로 세상을 바라보기 때문이다.

헤세가 강조하듯 욕망에 가득 찬 마음으로 세상을 바라보면 그런 것들만 눈에 보인다. 내가 바라본 대상은 결국 나의 욕망을 반영하는 거울인 셈이다. 지혜롭게 살아가는 사람들은 크게 실망하거나 크게 분노하지 않고, 크게 놀라거나 크게 화를 내지도 않는다. 인생의 지혜란 매우 간단하다.

1. 좋은 건 쉽게 찾아오지 않으니, 나의 것이 아닐 가능성이 매우 높다.
2. 나쁜 건 알아서 찾아오니까, 성급하게 굴지 말고 기다려라.

필사할
문장

"내가 한 것 이상을 바랄 때
유혹에 쉽게 넘어가게 되며,
작은 바람에도 일상이 흔들린다.
세상의 달콤한 것들은 결코 그냥 주어지지 않는다.
헛된 욕심이 삶을 모순으로 채운다."

인생이 술술 잘 풀리는 사람들의
감정 조절법

63

내 삶의 곡선이 서서히 올라가고 있다.
콧노래가 다시 흘러나오고,
살아 있다는 사실이 느껴진다.
위기를 극복한 것이다.
앞으로도 나는 위기를 견뎌낼 것이다.

Hermann Karl Hesse

헤세의 말은 무엇을 의미하는 걸까? 진실로 모든 삶의 지표가
좋아져서 콧노래가 나온다고 말한 건 아닐 것이다. 그는 지금까지
책에 소개한 말에서 본 것처럼, 잘 풀리는 인생을 살고 싶다면 자
신의 감정을 최대한 긍정에 맞춰서 움직일 수 있어야 한다고 강조
했다. 어떤 위기가 찾아와도 나는 모든 위기를 견딜 수 있다고 생각

228

하면 다른 미래를 만날 수 있다. 그의 삶에서 찾아낸 다음의 10가지 감정 조절법을 읽고 사색하며 자기만의 것으로 만들어 보라.

1. 지금 앞에서 일어난 일에 대해서만 고민한다.
2. 다른 사람의 감정을 이용해서 이득을 얻지 않는다.
3. 아주 작은 감정이 나를 완성하는 재료임을 안다.
4. 감정이 있는 자리가 아닌 향하는 방향을 본다.
5. 가끔 약해질 때도 스스로 괜찮다고 믿는다.
6. 다 알려고 하기보다는 하나하나 배우려고 한다.
7. 감정에 저항하지 않고 감정을 섬세하게 파악한다.
8. 완벽할 필요성을 느끼지 않아서 스트레스가 없다.
9. 내 삶에서 일어나는 모든 문제는 나에게 있다고 생각한다.
10. 오히려 문제를 복잡하게 만드는 과한 고민을 하지 않는다.

세상에 완벽한 인생은 없다. 늘 괜찮은 하루를 보낼 수는 없다. 흔들리며 중심을 잃을 때는 자신에게 이런 말을 들려주자.

"괜찮지 않아도 괜찮아.

강하지 않아도 괜찮아.

흔들려도 내가 나라는 사실에는

아무런 변화가 없으니까.

모든 건 결국 괜찮아질 거야.

난 나에게 좋은 날을 선물할 거니까.

정말 모두, 다 괜찮아."

내 인생에 아름다운 소식만 초대하는
10가지 말버릇

64

모든 것이 잘되고 있다고 확신하라.
성공한 사람들에 섞여서
아무리 흉내를 내도
그 무엇도 달라지는 건 없다.
나는 내가 개척한
나의 길을 가야 한다.

Hermann Karl Hesse

"혹시 일이 잘되지 않으면 어쩌지?"

"잘못 시작한 게 아닐까?"

무언가를 시작하면 누구든 늘 이런 두려움으로 고민하게 된다. 그러나 이런 방식의 고민은 자신에게 나쁜 영향만 미칠 뿐이다. 그래서 헤세 역시 무엇을 시작하든, 모든 것이 이미 잘되고 있다고 확신하는 마음이 중요하다고 강조했다.

아직 일어나지 않은 부정적인 일에 대해서 고민하지 마라. 일어나지도 않은 일을 고민하는 건, "부정적인 일이 제발 일어나면 좋겠어!"라고 기도하는 것과 같다. 우리는 결국 절실하게 부르는 것만 내 삶에 초대할 수 있다. 아름다운 소식이 자주 찾아오기를 바란다면, 이런 말을 습관처럼 사용하는 게 좋다.

1. 이번에는 뭔가 느낌이 좋은데!

2. 저 골목만 돌면 좋은 소식이 기다리고 있어.

3. 힘들수록 자신에게 예쁜 말만 들려주자.

4. 행복이 오지 않으면 찾아가면 되지.

5. 내가 확신하면 뭐든 가능해져.

6. 좋은 소식은 내가 부르는 거야.

7. 안 좋은 일은 그냥 잊자.

8. 아름다운 말만 마음에 남기는 거야.

9. 말이 거칠어지면 여유가 사라져.

10. 스스로 빛나려면 칭찬을 자주 하면 돼.

"어제와는 다른 삶을 살고 싶다면,

일어나면 좋을 것 같은

일에 대해서 마음껏 상상하라.

행운의 신은 자신을 자꾸만 부르는

사람에게 날아가서 안긴다."

김종원의 세계철학전집
✕
헤세 for 탄생

$$\langle 6장 \rangle$$

낯선 곳의 주인으로 다시 태어나기

Hermann Karl Hesse

그 사람의 거처는
곧 그 사람의 인생이다

65

우리는 마치 거북이처럼
내면 깊이 파고들 수 있어야 한다.
나는 늘 나에게 몰두했으며
나 자신과 함께 지냈다.
인간의 삶이란
자기 자신에게 도달해 가는 여정이다.

Hermann Karl Hesse

우리는 너무 급하다. 무언가를 시작해서 빠르게 결과를 내려고
시도하다가 결국 아예 일을 망치고 만다. 글쓰기를 겨우 3개월 정
도 배운 후에, 바로 누군가를 가르치려고 드는 꼴이다. 제대로 이
루어질 리 없다. 이때 우리는 모두 헤세가 말한 거북이를 떠올릴
필요가 있다. 내면 깊이 느리게 그러나 꾸준히 파고드는 시간이

필요하다. 그래서 한 사람의 인생은 결국 그가 자주 그리고 오랫동안 머무는 공간의 질이 결정한다.

간단하게 말해서, '그 사람의 거처는 곧 그 사람의 인생이다.'라고 말할 수 있다. 공간 혹은 거처라고 해서 집을 떠올리는 사람이 많을 것 같은데, 전혀 그렇지 않다. 내가 말하려는 거처는 바로 시간이라는 공간이다.

대문호 괴테는 새벽 5시에 일어나 오후 1시까지 내리 글을 썼다. 이어령 선생은 대학 입학 이후 삶을 마감하는 날까지 저녁 6시 이후에는 외부 약속을 잡지 않고 방에 홀로 앉아서 사색하며 글을 썼다. 이는 수많은 작품을 남긴 헤세도 마찬가지였다. 인생을 가장 농밀하게 살아낸 사람들은 이렇게 마치 시간을 하나의 공간처럼 인식해서 적극 활용했다.

헤세의 조언처럼 살아 있는 모든 것은 무언가로 되어가는 과정이지, 결코 완벽하게 결정된 것이 아니다. 최대한 과정을 길게 잡아서 모든 것을 담아야 한다. 게다가 나는 괴테나 헤세처럼 뛰어난 능력이 없어서, 새벽 3시라는 공간을 깨우며 좀 더 빠르게 하루를 시작한다. 내게 새벽 3시라는 시간은 누구도 침범할 수 없는 완벽한 공간이다. 그 시간에는 나만 깨어 있기 때문에 뭐든 즐길 수 있기 때문이다.

"나만의 시간을 가져야 한다.

거기에서 끝없이 자신에게 몰두하자.

시간이라는 공간을 최대한 활용해야,

내면에 존재하는 모든 역량을 꺼낼 수 있다.

내가 그토록 바라던 나를 만들 수 있다."

작은 것 하나를 시작해도
기대되는 사람의 태도

66

누구에게도 가르침을 받지 않는다.
나는 나 자신에게서 배울 것이다.
나 자신의 제자가 되어,
나를 더 알고 싶다.

Hermann Karl Hesse

어떤 분야나 마찬가지다. 무엇을 시작하든 세상에 도움이 되는 것을 창조하는 사람과 그걸 해내지 못하는 사람에게는 사실 큰 차이가 없다. 그래서 더 안타깝다. 단지 자신이 아는 것을 세상에 공급하는 통로가 다를 뿐이다. 창조로 세상을 이롭게 하며 세상에 필요한 것을 알려주는 사람들에게는 '주도성'과 '책임감'이라는 특별한 통로가 있다. 두 키워드를 더하면 이렇게 정리할 수 있다.

'분명한 자기 생각이 있다.'

이 한 줄을 다시 5가지 항목으로 나누면 이렇다.

1. 작은 것 하나라도 스스로 선택하라.
2. 의견을 묻기 전에 먼저 생각을 정리하라.
3. 대신 선택해 주기를 바라지 마라.
4. 나를 위한 게 모두를 위한 것임을 기억하자.
5. 배려라는 포장지에 안이한 태도를 감추지 말자.

모든 분야가 마찬가지다. 헤세가 강조한 것처럼, 우리는 자신이 아는 것만 세상에 내보낼 수 있다. 내가 선택해야 나의 길이 되며, 그 일에서 일어난 모든 경험이 나의 것이 된다. 자꾸 자신의 의견은 지우거나 숨긴 채, 타인의 의견만 묻고 그들이 대신 선택해 주기를 바라지 마라. 작은 것 하나를 시작해도 스스로 책임감을 갖고 끝까지 해내야 한다. 나는 나 자신의 제자가 되어서, '나 전문가'로 살아야 아름답다.

"내가 시작해야 내가 끝낼 수도 있다.

무조건 남에게 맞추는 건 배려가 아닌,

무책임과 무지성의 결과다.

모든 것을 책임지겠다는 의지를 품고

이번에는 좀 더 강력하게 시작해 보자."

자신을 아프게 하는 사람이
가장 어리석다

67

그대 자신을 사랑하는 것은
스스로에게 너무 많이
관대해지라는 말이 아니다.
자신을 사랑한다는 것은
있는 그대로의 나를 사랑하는 일이며
그건 당연히 자신의 운명까지
뜨겁게 사랑하는 일이다.

Hermann Karl Hesse

우리는 이런 조언을 정말 지겹게 들으며 자랐다.

"주변 사람들에게 잘해야 한다.", "사람들에게 상처 주지 않고 살아야 해.", "조금 손해 보며 사는 게 마음 편해." 뭐, 아름다운 말이다. 그러나 정작 중요한 이 사실은 누구에게도 배운 적이 없다.

"세상에서 가장 어리석은 사람은 다른 사람에게 피해를 주지 않으려다가, 정작 자기 자신을 아프게 하는 사람이야."

물론 과도하게 자신만을 사랑하라는 말은 아니다. 헤세가 말한 것처럼 그저 주어진 자기 모습을 있는 그대로 사랑하면 된다. 아래 소개하는 '나를 살리는 11가지 말'을 낭독하고 필사해 보라. 그리고 가슴에 담고 살아보라. 자신을 진짜 사랑하고 아끼는 마음을 배우면 나날이 따스해지는 하루를 살게 될 것이다.

1. 지금 내게 좋은 기회가 오고 있다.

2. 나는 내게 거짓을 말하지 않는다.

3. 나를 함부로 판단하는 실수를 하지 않는다.

4. 모두 다 나를 떠나도 나는 나를 믿는다.

5. 내가 보낸 시간은 참 아름다웠다.

6. 결국 세찬 바람은 지나갈 것이다.

7. 나 자신에게 공격하듯 거칠게 말하지 않는다.

8. 남에 대한 나쁜 소문을 옮기지 않는다.

9. 비판은 적게 희망은 많이 전한다.

10. 아무리 힘들어도 나는 내 가능성을 믿는다.

11. 나는 나를 구성하는 모든 것을 사랑한다.

그리하여 이제 그대 자신에게, 헤세의 조언을 마치 시를 읽듯 깊은 음성으로 들려줘라.

"나는 이 세상을 좀 더 사랑하는 법을 배우며 살아갈 것이다. 세상을 향한 무분별한 혐오는 멈출 것이며, 이 세상을 내가 소망하는 어떤 모습이나 머릿속으로만 그린 일종의 완벽한 상태와 비교하는 것이 아니라, 있는 그대로 바라보며 그 공간의 일원이 되어 살아갈 것이다. 쾌락과 욕심, 그리고 허영심과 나를 수치스럽게 만드는 깊은 절망이 찾아와도, 이제 나는 그것 역시 삶의 일부분이라고 생각하며 공존하며 살아갈 생각이다."

이 세상 무엇 하나도 그냥 있는 건 없으며, 세상 모든 것들은 각자의 쓸모가 있다는 인생의 진리를 잊지 않고 영원히 사랑하며 살자. 그게 아름답다.

"애써 남을 배려하면서

정작 내 마음이 아파야 한다면,

과연 그건 누구를 위해서 사는 삶인가.

있는 그대로의 나를 사랑할 수 있어야,

아픈 누군가를 진정으로 안아줄 수도 있다."

나라서 가능한 게 무엇인지 찾는
사람의 질문은 다르다

68

너는 지금 하는 일을
스스로 원해서 하고 있는가?
세상이 무서워서 그런 것뿐이라면,
1등을 하든 2등을 하든
네가 얻는 것이 대체 무엇인가?

Hermann Karl Hesse

파리에는 1년에 6개월만 영업하고 나머지 6개월은 메뉴 연구
에 시간을 투자하는 식당이 하나 있다. 이런 식당은 사실 찾아보
면 꽤 많다. 내가 정말 아끼는 빵집도 일주일 중 단 4일만 영업하
고, 나머지 3일은 연구에 투자한다. 심지어는 영업하는 날에도 총
7시간 정도만 판매를 하고 나머지 시간은 모두 연구에 투자한다.

자, 이제 중요한 지점이 남아 있다. 왜 누군가의 눈에는 이런 이상한(?) 방식으로 운영하는 식당이 자주 보이는데, 다른 누군가는 발견하지 못하는 걸까? 참 안타깝고 슬프지만, 이유는 정말 간단하다. 이야기를 들어보라.

일단 이런 식당에 대한 이야기를 꺼내면 다수는 이렇게 '단정하듯' 묻는다.

1. 에이, 주인에게 돈이 많으니까 그런 거 아냐?
2. 기업이 아니라 개인이니까 가능한 거 아냐?
3. 글쎄, 한국에서는 절대 불가능하지 않겠어?

이런 뉘앙스의 질문이 끝도 없이 이어질 거다. 그런데 이런 방식으로 질문하는 사람들은, 평생 이런 방식으로 운영하는 식당이나 개인의 혁신 스토리를 발견할 수 없다. 스스로 창조와 혁신의 눈을 가린 셈이다. 매우 중요한 지점이다. 그들은 늘 상대가 그걸 할 수 있는 환경에서 사는 사람이라고 생각한다. 그들이라서 가능하고 나라서 불가능하다고 확신하듯 판결을 내린다.

그렇게 질문하는 사람에게는 아무것도 보이지 않는다. 그건 사실 질문이 아니다. 세상에 존재하는 근사한 것들을 찾으려면 자신에게 질문해야 한다. 바로 이렇게!

1. 이 각박한 현실에서도 이렇게 운영할 수 있는 비결이 어디에 있는 걸까?

2. 혼자 운영하면서도 연구에 많은 시간을 투자할 생각은 어떻게 시작한 걸까?

3. 6개월이나 영업을 쉬지만 다시 또 찾아주는 손님은 이들의 어떤 부분에 반한 걸까?

이들은 왜 이런 질문을 하지 못하는 걸까? 간단하다. 헤세가 조언한 것처럼, 스스로 원하는 일을 하고 있지 않기 때문이다. 그런 생각으로 하루를 살게 되면 이런 부작용이 생긴다. 바로 등수에 얽매인다는 사실이다.

등수에 얽매이게 되니 경쟁자를 압박하고 누르려고만 하게 된다. 인정하지 않고 배척만 하니 배울 부분을 전혀 찾지 못하게 되는 것이다. 좋아하는 일을 하라고는 말하지 않겠다. 그건 너무나 어려운 일일 수 있으니까. 다만 좋아하진 않아도 헤세의 말처럼 스스로 원해서 하는 일은 누구든 당장이라도 할 수 있다. 원치 않지만 억지로 하는 삶에서 원해서 자연스럽게 하는 삶으로 변하는 것은 생각과 태도만 바꾸면 당장 할 수 있는 일이니까.

태도의 전환을 통해서, "나라서 가능한 건 무엇일까?"라는 질문으로 바꾸면 결과가 어떨까? 비록 거기에 가본 경험은 없어도, 질문을 통해서 자신을 바꿀 무언가를 계속해서 발견하게 된다. 그리고 그걸 삶에서 실천하며 그들처럼 멋진 인생을 살 수 있게 된다.

"그들이라서 가능하고, 나라서 불가능하지." 이런 시선에서 나온 모든 질문은 그 방향이 모두 바깥으로 흩어져 사라질 뿐이다. 그러나 '나라서 가능한 이유'를 찾으려는 사람의 질문은 모두 자기 자신으로 향하기 때문에 그 질문을 통해 획기적인 변화를 꿈꿀 수 있게 된다. 한마디 말이 삶 전체를 완전히 바꾸는 것이다.

"그러므로 이제 난 기억할 것이다.

오늘부터 나는 다른 풍경을 바라볼 것이다.

나라서 가능한 것을 보자.

그 풍경에 나의 희망도 존재하니까."

그대가 바라보는 모든 것이
트렌드가 되게 하라

69

마음이 가는 대로 움직여라.
그대가 진심으로 좋아하는 일을 즐기며 해도 좋다.
누구에게도 복종하지 말고 세상에 휘둘리지도 말고
그저 하고 싶은 일을 하라.
마음이 가는 대로 살아라.
그것만이 그대 자신의 운명을 살아가는 일이다.
삶의 마지막 날까지 그렇게 살아라.

Hermann Karl Hesse

어떤 주제나 인물에 대한 책의 독자들 반응이 좋으면 바로 그
와 유사한 책이 쏟아져 나온다. 나는 그게 나쁘거나 이상하다고
말하려는 게 아니다. 시대를 읽으며 글을 쓰는 건, 칭찬할 만한 매
우 좋은 태도다. 하지만 그렇게 나온 책의 반응은 생각만큼 좋지
않을 가능성이 높다. 이유는 간단하다. 글을 쓰는 사람이라면, 아

니 콘텐츠를 창조하는 사람이라면 꼭 알고 넘어가는 게 좋아서 설명한다.

대중은 그 주제나 인물에 관심을 갖는 게 아니라, 그 주제와 그 인물을 바라보는 그 사람만의 시각과 생각에 흥미를 느껴서 반응한다. 주제나 인물이 아닌, 그걸 바라보는 '나만의 시각'이 핵심이다. 헤세가 마음이 가는 대로 움직이라고 조언한 이유도 거기에 있다. 누구에게도 복종하거나 휘둘리지 않는다면, 그 삶 자체가 이미 독보적인 것이며 자기답게 빛나는 것이다. 트렌드는 이제 그만 찾고, 자기만의 시각을 단련하라. 그럼 그대가 바라보는 모든 것이 세상의 트렌드가 된다.

필사할
문장

"나는 세상에서 유행하는 트렌드가 아닌,

나의 세계에서 유행하는 트렌드에 주목한다.

마음이 가는 대로 움직일 수 있다면,

누구나 자신의 세계를 크게 키울 수 있다."

자신의 삶을 창조하며 사는 사람들의
6가지 태도

70

새는 알에서 나오려고 투쟁한다.
알은 하나의 견고한 세계이다.
태어나려는 자는 반드시
하나의 세계를 깨뜨려야 한다.

Hermann Karl Hesse

헤세의 모든 철학을 농밀하게 압축한 문장이다. 태어나려는 자
는 반드시 이전에 자신이 존재했던 견고한 세계를 깨뜨려야 한다.
그건 죽음을 각오한 선택이기도 하다. 깨뜨리고 도착한 세계가 어
떤지는 보기 전에 알 수 없기 때문이다. 자신의 의지로 이루어지
는 진짜 탄생은 그렇게 죽음을 각오해야 한다. 그래서 자기 삶을

창조하려는 사람에게는 특별히 더 단단한 내면과 자존감이 필요하다.

헤세의 삶과 언어를 통해 길어 올린 6가지 정수를 소개하니, 반드시 자신의 것으로 만들겠다는 생각으로 읽어보라.

1. 모두가 공식처럼 외우는 삶의 진리는, 어떤 공식도 없이 자유롭게 살아가는 사람들의 사색을 통해 만들어진다.

2. 새로운 것의 창조는 지능이 아니라 반복되는 노력의 결과로만 이루어진다. 그들은 알고 있다. 최고의 노력이 최고의 지능이다.

3. 자신의 능력을 의심하면, 딱 그 정도 수준까지만 성장할 수 있다. 그래서 의심하더라도 크게 해야 한다. 최대한 자신을 높은 수치에 두고 의심하라.

4. 무너질 수는 있다. 다만 약해지지는 마라. 나약한 생각은 내면뿐만 아니라 인생을 대하는 태도까지 나약하게 만든다.

5. 생각이 갑자기 멈출 때, 그때 집중하라. 어떤 곳으로도 이동하지 말고, 그 멈춰져 있는 시간에 집중하라. 그때 우리는 다른 수준

으로 이동한다.

6. 자신을 알아주는 사람과 함께 일하는 건 행복한 일이다. 하지만 그보다 더욱 행복한 삶은, 그 한 사람이 바로 자기 자신이 되는 것이다. 내가 나를 알아줄 때 끝나지 않는 성장의 로맨스가 시작된다.

필사할
문장

"성장은 '소유'가 아닌

'소비'를 통해서 이루어진다.

'무엇을 가지고 있는가?'가 아니라,

'어떻게 활용하고 있는가?'라는 질문으로

우리는 좀 더 성장한다.

많이 가진 사람이 아니라,

잘 쓰는 사람이 되어야 한다."

하루라도 빠르게
진리에 다가서야 한다

71

나는 학식이 풍부한 사람은 아니다.
그러나 끊임없이 진리를 찾는 사람이었으며,
여전히 그렇게 살고 있다.
다만 이제는 진리를 별을 바라보거나,
책을 읽으며 찾지 않는다.
내 몸속에서 소리 내는 피가 전해주는
가르침을 듣기 시작했으니까.

Hermann Karl Hesse

헤세는 자신이라는 존재에 대해서 아는 사람은 별로 없다고 말했다. 물론 그걸 느끼는 사람도 있지만, 그들은 안타깝게도 그걸 느끼는 만큼 죽어간다. 모두가 진리를 원한다. 최대한 젊은 날에 깨닫기 위해 책을 읽거나, 자연을 바라보며 두 눈에 담으려고 한다. 하지만 헤세의 조언처럼 진리는 바깥에 있는 것이 아니었다.

지금도 나를 위해 뜨겁게 흐르는 피가, 누구도 줄 수 없는 삶의 진리를 전해주고 있다.

무엇보다 이 사실을 자각하는 게 중요하다. 그래야 나이 드는 만큼 진리에 더 가까이 다가갈 수 있기 때문이다. 만약 늙어서도 이 사실을 모른다면, 어리석게도 책과 자연을 관찰하는 시간에만 정성을 쏟는다면, 무엇도 찾지 못하고 죽음을 만나게 된다. 성장을 위해 필요한 모든 것들은 내 안에 이미 존재한다는 사실을 잊지 말자.

필사할
문장

"사는 나날은 결국 죽음에 다가가는 나날이다.

다만 내면의 소리에 귀를 기울이며 살면,

사는 나날이 곧 깨달음의 나날이 될 것이다.

사는 만큼 진리에 더 가까이 다가가고 싶다면,

내 안에서 어떤 소리가 흐르고 있는지 살펴야 한다."

나는 내가 반복한 것으로
완성된다

72

그대의 인생에서 성취한 일에 대해
타인의 인정을 받으려는
헛된 마음은 버리는 게 좋다.
자신이 성취한 모든 일은
자기만의 척도로 측정해야 한다.

Hermann Karl Hesse

헤세의 말 중에서 손에 꼽을 정도로 매우 중요한 말이다. 타인의 인정이 중요하지 않다는 사실을 알면서도, 다시 또 타인의 인정을 요구하는 늪에 스스로 빠지는 이유가 바로 이 글에 녹아 있기 때문이다. 중요한 것은 바로 척도다. 자기만의 기준, 즉 척도가 없으면 자꾸만 잘 모르는 타인에게 평가를 요구하며, 그 결과에 따라서 흔들리는 삶을 살게 된다.

그런 면에서 내 척도는 분명하다. 지난 10년 넘게 매일 원고지 50매 이상의 글을 쓰는 건 변하지 않는 나의 루틴이다. 하지 않는 사람이 볼 때는 "그게 가능해?"라고 말할 수 있지만, 루틴으로 지키며 사는 내 입장에서는 단 하루만 이걸 해내지 못하고 지나쳐도 '제대로 살지 못한 것' 같아서 그 하루를 두고두고 후회할 것이다.

다들 최선을 다해서 산다고 말한다. 다만 그 기준은 사람에 따라서 매우 다르다. 이건 정말 중요한 부분인데, 나는 매일 하루에 20개 정도는 포스팅할 수 있는 글을 쓰지만 스스로 최선을 다했다고 느낀 적은 별로 없다. 척도가 분명해서다. 그저 늘 그렇게 쓰는 게 당연하기 때문이다. 하지만 1일 1 포스팅을 하는 사람은 간혹 1일 2 포스팅을 할 때 스스로 최선을 다했다는 기분을 느낄 수 있다. 여기에서 우리는 매우 중요한 사실을 깨닫게 된다.

> "매일 의식하지 않고 실천하는 기준이
> 결국 그 사람의 척도가 되며,
> 그가 시작한 일의 과정과 결과를 결정한다."

마찬가지로 나는 직장에 다니던 시절, 직장 앞 피트니스 센터 1년 회원권을 등록해 주말을 제외하고는 단 하루도 빠지지 않고 매일 새벽이나 밤에 가서 1시간 이상 운동했다. 그것 역시 나의 척도였다. 그래서 나는 그게 전혀 힘들거나 고통스럽지 않았다. 성취감도 크게 느끼지 않았다. 매일 원고지 50매의 글을 쓰는 것처럼 지극히 당연한 일이었기 때문이다. 하지만 일주일에 1번만 나가서 운동하던 사람이 간혹 2번 나가게 된다면 나보다 더 큰 성취감을 느끼게 될 것이다.

지금 누군가 내가 도저히 살 수 없는 인생을 살면서 내가 닿고 싶은 현실을 멋지게 살고 있다면, 그가 오랫동안 자연스럽게 반복하는 루틴이 무엇인지 살펴보라. 잘 모르겠다면, 그들이 습관처럼 내뱉는 이 말에 주목하라. "이거 뭐 대단한 거 아냐.", "별일 아니야, 그냥 하는 거지 뭐." 그게 바로 그 사람만의 척도다.

오랫동안 무언가를 자연스럽게 반복하며 성장하는 삶을 사는 사람들의 말은 그걸 모르는 사람과 매우 다르다. 이렇게 남들이 볼 땐 쉽지 않은 것을 하면서 스스로 별거 아닌 것처럼 말하는 사람의 행동을 주목하라. 거기에 답이 있을 가능성이 높다.

"숨을 쉬듯 반복한 무수한 실천은

그 사람만의 척도를 만들고,

결국 그가 반복한 것은

그의 현실이 된다."

나이 오십이 되어서야
깨달았다

73

그대의 마음 깊은 곳에
고요한 산장과 같은 장소를 준비해 둬라.
곤란한 일이 생겼거나
중요한 결정을 해야 할 때,
그렇게 그대의 길을 확인해야 할 때,
그곳으로 돌아가 차분하게
진실한 대화를 나눠라.

Hermann Karl Hesse

삼십, 사십, 그리고 오십까지. 나이가 들수록 보이는 것도 달라
진다. 세상은 변하지 않았다. 세상을 보는 내 눈과 내면이 깊어지
거나 얕아졌을 뿐이다. 점점 깊어지는 인생을 살고 싶다면, 헤세가
조언한 것처럼 중요한 일이 생겼을 때 차분하게 생각할 수 있는
'내면의 산장'이 필요하다. 그건 어떤 물리적인 장소를 말하는 게

아니다. 내 마음 한구석에 마련해서 즐기면 되는 거니까.

다만 헤세의 삶에서 끌어올린 다음 7가지 조언을 마음에 담고 시작한다면, 그 내면의 산장은 더욱 깊은 향기를 피워낼 것이다.

1. 지성이 높아지면 관계의 폭이 좁아진다.

2. 경청은 들을 가치가 있는 말만 듣는 것이다.

3. 독서와 글쓰기는 취미가 아닌 생존의 문제다.

4. 꾸준한 반복은 인간이 가진 최고의 재능이다.

5. 최고의 낭비는 남을 미워하며 보낸 시간이다.

6. 행복할 일은 매일 있으니 스스로 잡으면 된다.

7. 나는 평생 너무 쉽게 "그거 알아."라고 말했다.

젊어서는 몰랐던 사실을 나이가 들면 저절로 깨닫게 되는 순간이 온다. 나이 오십은 헤세가 말하는 언제든 돌아가서 차분히 생각할 수 있게 해주는 고요한 산장과도 같다.

"좀 더 일찍 알았더라면 더 좋았겠지만,

지금도 늦지 않았다.

살아 있는 한 희망도 존재하는 거니까.

나는 내가 만든 산장에서 사색하며

나를 하나하나 만들어 나갈 것이다."

자신의 결정에
박수를 치는 하루를 보내라

74

하늘에서 빛나는 별들이
그의 세계에서 불타고 있다.
그는 자신의 영혼을 통해서
기쁨의 빛을 발산했다.
그는 진심으로 사랑했으며,
그로 인하여 자신을 발견했다.
하지만 대부분의 사람은
사랑을 하면서 오히려 자신을 잃어버린다.

Hermann Karl Hesse

헤세의 말처럼 자신을 사랑하지만 결국 그 선택을 통해서 자신을 잃는 이유는 자신을 진심으로 사랑하지 않아서다. 진심으로 자신을 사랑한다는 것은 무엇일까? 진심으로 자신을 사랑한다는 건, 자신이 스스로 선택한 것들에 대한 확고한 믿음을 의미한다. 타인의 눈치를 보거나 주변 상황에 민감하게 반응하며 자신의 결정을 두고 흔들리거나 후회하지 않아야 한다.

같은 노력을 하지만 누군가는 차곡차곡 성장하고, 다른 누군가는 제자리에서 조금도 나아지지 않는다. 성장하지 못하는 이유는 간단하다. 모두에게 좋은 사람이 되고 싶어서, 모두의 비위를 맞추기 때문이다. 우리는 모두를 위해서가 아니라, 자기 자신을 위해서 사는 존재다. 모두의 비위를 맞추면 결국 나는 조금씩 지워진다.

그렇다면 나중에는 어떻게 될까? 헤세의 말처럼 자신을 모두 잃게 된다. 나중에는 당신의 가치를 다른 사람들이 정하게 된다. 어찌 보면 너무나 당연한 결과다. 당신이 자신을 포기하고 다른 사람이 원하는 존재가 되었기 때문이다. 매일 세상 사람들에게 자신을 움직일 수 있는 열쇠를 주며 살았던 탓이다.

이제는 너무 겁먹지 마라. 누군가 당신에게 "함께할 수 없다."라고 말한다면, 그건 그 한 사람과 일할 수 없다는 말이지 모든 사람이 당신을 거부한 게 아니다. 세상에 사람은 정말 많고, 나와 맞는 사람을 다시 찾으면 되는 일이다. 억지로 비위를 맞춰서 상대가 원하는 내가 된다면, 나는 스스로의 가치를 영원히 잃게 된다.

"밤이 어둡다고 잠들지 못하는 바다는 없다.

나는 내 선택을 믿고 나를 유지하면 된다.

있는 그대로의 자신으로 남자.

내게 주어진 인생 최고의 목표는

다른 사람으로 살아가는 게 아니라,

처음 가졌던 오리지널리티(originality)를

훼손하지 않고 죽는 날까지 보존하는 것이다."

영혼을 담아
집중할 가치가 있는 선택을 하라

75

어떤 세상에서든
모든 것을 알고
모든 것을 하려고 하고
모든 것을 나보다 더 잘 해내는
사람들이 있다.

Hermann Karl Hesse

　블랙핑크 소속으로 활동하던 로제는 2024년 YG 엔터테인먼트
와의 개인 계약을 종료하고 애틀랜틱 레코드와 계약을 맺었다. 같
은 레이블에 세계적인 스타인 브루노 마스가 있다는 사실을 알
게 된 그녀는 혹시나 하는 마음에 협업 이야기를 꺼냈다. 쉽지 않
을 줄 알았지만, 그녀의 제안에 브루노는 "그럼 세 곡 정도만 보

내봐."라고 답했고, 로제는 스태프들의 만류에도 불구하고 아파트(APT.)를 포함한 세 곡을 보냈다.

모두가 합심해서 "아파트는 아니다."라며 만류했지만, 로제는 "반드시 이 곡이여만 한다."라고 주장했다. 그런 그녀도 사실 처음에는 브루노가 협업에 응하지 않을 거라고 생각했는데, 놀랍게도 이런 간단한 대화 끝에 작업을 하기로 결정했다.

브루노: 아파트가 대체 뭐야?

로제: 한국의 술 게임이야.

브루노: 그럼 하자, 이건 대박이야!

간단하지만 매우 중요한 이 대화의 가치를 이해하려면, 브루노마스가 누군지 아는 게 중요하다. 그는 데뷔 앨범부터 현재까지 모든 앨범이 다 상업적으로 성공했다. 놀라운 사실은 피처링한 노래와 싱글까지 모조리 성공했다는 것이다. 더불어 그는 엘비스 프레슬리 이후 최단 시간, 가장 많은 곡으로 빌보드 1위를 기록한 가수이다. 지금까지 세계 음반 판매량 1억 5천만 장, 빌보드 1위 8곡, 그래미 어워드 15회 수상, 아메리칸 뮤직 어워드 11회 수상까지… 정말 놀라운 숫자가 아닐 수 없다.

로제와 브루노 두 사람은 협업을 결정한 이후, 미친 듯이 음악에 몰입해서 멋진 결과물을 창조했다. 그 결과는 모두가 알고 있듯 모든 음원 차트에서 1위를 달리고 있다. 여기에서 중요한 건 뭘까? 로제가 작업에 무섭게 몰입했다는 게 아니라, 로제가 무섭게 노력할 가치가 있는 사람을 선택했다는 사실에 있다. 몰입과 노력은 누구나 할 수 있다. 본질은 선택에 있다.

헤세가 남긴 말을 다시 읽어보라. 이제 처음 읽었을 때와는 조금은 다르게 느껴질 것이다. 이 세상에는 분명 모든 것을 알고, 나보다 더 잘하는 사람이 존재한다. 스스로에게 자신감을 갖고 노력하는 것도 중요하지만, 노력할 만한 가치가 있는 사람과 함께하는 것도 매우 중요하다. 하는 모든 것이 다 잘되는 사람에게는 분명한 이유가 있다. 그들에게는 뭐든 될 수 있게 만들 능력이 있다. 만약 당신에게 그게 없다면, 그걸 갖고 있는 사람을 어떻게든 곁에 둬라.

"입으로만 잘할 수 있다라고

크게 외치는 사람 말고,

잘한 경험이 풍부한 사람을 곁에 둬야 한다.

그가 가진 모든 안목을 흡수한다면,

나의 몰입과 노력도 빛을 발할 것이다."

자신의 허락 없이는
누구도 변할 수 없다

76

본업을 하면서 동시에
그림을 그리는 취미로
수준 이상의 결과를 원한다면,
그건 결코 이루어지지 않을 것이다.
시를 한 줄 적는 것도 어중간한 마음으로는 불가능하다.
예술에 임하려면 몸과 마음이 불처럼 활활 타올라야 한다.
그대의 영혼과 인생 전부를 창조에 걸어야 한다.

Hermann Karl Hesse

여기저기에서 무언가를 시작하는 사람이 많다. 필사와 독서, 글쓰기와 사색을 시작하는 사람도 많다. 하지만 그 시작이 꾸준하거나 열매를 맺는 경우는 보기 쉽지 않다. 변명은 다양하다. "내게는 재능이 별로 없는 것 같아.", "열심히 했는데 결과가 별로네.", "일도 하면서 병행하기가 어렵네." 만약 헤세가 그들의 변명을 들었다면, 짧은 한마디로 정리했을 것이다. "어중간하게 해서 얻을 수 있는 건 아무것도 없어!"

책을 쓸 수 있는 사람보다 책이 될 수 있는 삶을 사는 사람이 위대하다. 강연을 할 수 있는 사람보다 강연의 주제가 될 수 있는 삶을 사는 사람이 위대하다. 사실 그런 삶을 사는 것이, 책을 내고 강연을 할 수 있는 가장 쉽고 빠른 방법이다. 하지만 대부분 그런 삶을 살기보다는 그런 테크닉을 배우기 위해 자신의 시간을 투자한다. 그러나 그 선택으로 우리가 얻을 수 있는 건 미치도록 치열한 경쟁뿐이다. 이유는 간단하다. 모두가 유사한 테크닉을 배웠으니 같은 기술로 경쟁해야 하기 때문이다.

하지만 테크닉에 연연하지 않고 그런 삶을 살았던 사람들은 경쟁하지 않는다. 경험은 모두 각자 달라서 그저 나열하는 것만으로도 유일한 존재가 될 수 있기 때문이다. 어중간하게 하려는 마음 자체를 버려라. 변화는 누가 시켜주는 것이 아니다. 스스로 자신의 변화를 허락하지 않으면 영원히 변할 수 없다.

"세상에 아직 없다고?

그럼 내가 만들면 되지.

그게 이미 존재한다고?

그럼 내 스타일로 바꾸면 되지.

가장 중요한 것들은 당장 하는 게 좋다.

미루는 것은 좋지 않다.

내일은 영영 오지 않을 수도 있으니까."

인생의 전환점에
서 있는 당신에게

"사랑이 나를 행복하게 해주진 않는다.

원래 사랑과 행복은 관계가 없다.

다만 사랑하고 있는 덕분에

내가 얼마나 깊게 고뇌할 수 있는지,

또 얼마나 인내심이 강한지를

절실하게 배울 수 있다."

시작이 늘 힘든 이유는 낯선 새로운 곳으로의 도전이기 때문
이다. 직장에 다닐 때도 그랬지만, 전업 작가가 되어 책을 쓸 때도
마찬가지였다. 나는 내 삶이 완전히 다르게 바뀌는 두려운 순간

을 경험해야만 했다. 이직해서 전혀 모르는 업무를 해야 할 때, 이제는 취미가 아닌 절실한 마음으로 생계가 달린 글쓰기를 해야 할 때, 나는 "과연 잘할 수 있을까?"라고 자신에게 물었다. 그러나 언제나 그런 변화의 결과를 의심하는 건 바로 나 자신이었다.

"내가 과연 할 수 있을까?"

"처음 하는 일인데 잘 해낼 수 있을까?"

"이 분야의 글은 처음인데 내가 쓸 수 있을까?"

당시 그 누구도 나를 의심하지 않았지만, 정작 가장 믿어야 할 내가 나를 의심한 것이다.

물론 과정이 쉽지 않았다. 쓰는 글의 분야를 바꿀 때마다 큰 부침을 겪었다. 이미 출간 계약을 맺고 탈고한 원고를 출판사에 계약 해지당하는 일도 겪어야만 했다. 그 순간에는 기분도 나빴고, 무엇보다 나 자신에게 극심한 실망감을 느꼈다. 하지만 놀랍게도 마치 잘 구성된 각본처럼 그렇게 해지한 계약은 곧 다른 출판사와의 인연으로 이어졌고, 더욱 놀라운 사실은 바뀐 분야에 꼭 맞는 더 좋은 출판사와 좋은 조건으로 재계약을 맺게 되었다는 사실이다.

그렇게 나온 책은 반응도 매우 좋았다. 변화를 실천하는 과정에서 다양한 부침을 겪었지만, 결국 그 모든 고통은 좋은 변화를 위한 안전장치 역할을 했던 것이다. 내가 사랑하는 일이 내게 행복을 주는 건 아니다. 그 착각에서 벗어나야 아름답게 변화를 시작할 수 있다. 내가 사랑하는 모든 것들은 내가 얼마나 견디고 버틸 수 있는지를 알려준다.

우리가 변화 속에서 중간중간 자꾸 짐작하지 못했던 고통을 겪는 것은 인생의 전환점을 맞이했기 때문이며, 더 나은 곳으로 이동하기 위함이다. 누가 봐도 불리한 상황에서 조금씩 움직이며 더 변화가 수월한 공간으로 이동하는 것이다. 그러므로 그런 상황에 놓일 때 전혀 실망하거나 자책할 필요가 없다.

"나는 나의 변화를 사랑한다.
나는 내게 더 잘 맞는 곳으로
자연스럽게 이동하고 있다.
나는 점점 나아지고 있으며,
나를 시험하는 모든 것을 견딜 수 있다.
나는 이제야 나의 의지로 다시 태어났다.
지금부터 진짜 내 인생을 시작할 것이다."

김종원의 세계철학전집
✕
헤세 for 탄생

지성의 문을 여는
필사 노트

○

이 세상에 태어나 작은 무엇이라도

나만의 것을 하나 해내려면,

뭔가 달라도 많이 달라야 한다.

모른다고 멈추거나 주저하지 마라.

마치 모든 것을 알고 있는 사람처럼

자신 있게 곧바로 달려가자.

○

나의 가치는 내가 정한다.

스스로 자신의 가치를 정하지 않으면,

평생 주는 대로만 받고 살게 된다.

세상의 시세를 묻거나 궁금해하지도 않는다.

내가 만든 것들의 가격은 내가 정한다.

○

나는 언제나 경탄할 것들을 찾는다.

그것만이 내게 집중할 가치를 주고,

내 시간을 소모하지 않으며

생산성을 극도로 높여준다.

○

나는 내 운명을 사랑한다.

내가 좋아하는 일에 최선을 다하며

충실하게 사는 동안,

내 운명도 그런 나를 지지할 것이다.

내가 내 운명을 사랑하면,

내 운명도 나를 사랑한다.

○

더 큰 내가 되려면

더 큰 나를 상상해야 하고,

더 크게 상상하려면

언어의 수준을 높여야 한다.

언어의 격차가 곧 삶의 격차이며,

언어의 크기가 곧 나의 크기를 결정한다.

○

글로 쓴 삶만이 나의 삶이다.

쓰지 않는 삶은 사라진다.

내가 분투해서 살았던 오늘 하루를

나의 역사로 남기고 싶다면 써야 한다.

써서, 내가 얼마나 애를 썼는지 증명하자.

써서, 내가 얼마나 간절했는지 보여주자.

○

사는 나날이 곧 쓰는 나날인 사람은

결국 자기 삶의 예술가로 살게 된다.

지금부터 시작해도 늦지 않다.

내가 가진 힘과 삶의 철학을

나만의 글로 써서 남기는 삶을 시작하자.

○

읽는 게 중요한 게 아니라,

읽다가 멈추는 게 독서의 핵심이다.

멈춰서 질문하고 사색하지 않으면

앞으로 나갈 수 없다.

○

내 삶을 바꾸는 건 선명한 언어다.

설명할 수 없는 건 나도 실체를 모르니

꿈에서조차 나오지 않는다.

표현할 수 없는 건 그릴 수 없고,

정의할 수 없는 건 가질 수 없다.

○

나는 내가 옳다고 생각한다.

결국 나는 무엇이든 해낼 것이고,

그런 나를 조금도 의심하지 않는다.

사랑이 결국 모든 악을 이긴다는 사실을

나는 내 삶으로 증명할 것이다.

○

불가능하다고 생각하며

시작도 하지 않는 사람은

영원히 해내지 못하지만,

해낼 것처럼 행동하는 사람은

결국 가슴에 품은 모든 걸 해낸다.

가능하다는 생각이 사람의 수준까지 바꾼다.

세상에 이것보다 멋진 사실은 없다.

○

우아한 사람에게는 우아한 말이 주어지고,

기품이 없는 사람에게는 거기에 맞는 말이 주어진다.

우리는 모두 자기 수준에 맞는 말을 갖고 살게 된다.

나의 미래를 바꾸고 싶다면

오늘 내뱉는 말의 수준을 바꿔야 한다.

○

결국 나를 망쳤던 것도 나고,

그런 나를 일으켰던 것도 나다.

내가 나를 망치지 않는다면

누구도 내 삶을 방해할 수 없다.

나는 그 누구도 아닌 내가 지킨다.

○

내가 진정으로 뭔가를 원한다면,

그것을 얻을 수 있는 모든 방법을 찾아야 한다.

불안하고 힘든 마음은 지우자.

내게 도움이 되는 감정만 남기면 된다.

○

어른은 많이 배운 사람이 아니라

하나라도 실천하는 사람이고,

어휘력이 풍부한 사람이 아니라

단어를 골라서 쓸 줄 아는 사람이다.

그런 자제력과 지성을 가진 어른만이

관계를 더욱 아름답게 만들 수 있다.

○

나라는 존재는

나만 증명할 수 있으며,

나만이 나를 치유할 수 있고

또 조용히 안아줄 수도 있다.

나는 내게 따뜻한 이불과 같은 존재다.

○

어떤 분야든 모든 승부는

가능성이 여전히 존재한다고

생각하는 사람들과의 게임이다.

스스로 가능성이 없다고 생각하거나

과거에 매몰된 사람들은 나의 경쟁자가 아니다.

그들은 스스로 자신을 포기한 사람이므로.

○

내가 한 것 이상을 바랄 때

유혹에 쉽게 넘어가게 되며,

작은 바람에도 일상이 흔들린다.

세상의 달콤한 것들은 결코 그냥 주어지지 않는다.

헛된 욕심이 삶을 모순으로 채운다.

○

내 가슴에서 솟아오르는 그것,

나는 그것이 부르는 하루를 살 것이다.

그것이 아닌 다른 것은 그저 소음일 뿐,

나는 내가 그토록 소망하는 내가 될 것이다.

○

괜찮지 않아도 괜찮아.

강하지 않아도 괜찮아.

흔들려도 내가 나라는 사실에는

아무런 변화가 없으니까.

모든 건 결국 괜찮아질 거야.

난 나에게 좋은 날을 선물할 거니까.

정말 모두, 다 괜찮아.

○

어제와는 다른 삶을 살고 싶다면,

일어나면 좋을 것 같은

일에 대해서 마음껏 상상하라.

행운의 신은 자신을 자꾸만 부르는

사람에게 날아가서 안긴다.

○

나만의 시간을 가져야 한다.

거기에서 끝없이 자신에게 몰두하자.

시간이라는 공간을 최대한 활용해야,

내면에 존재하는 모든 역량을 꺼낼 수 있다.

내가 그토록 바라던 나를 만들 수 있다.

○

내가 시작해야 내가 끝낼 수도 있다.

무조건 남에게 맞추는 건 배려가 아닌,

무책임과 무지성의 결과다.

모든 것을 책임지겠다는 의지를 품고

이번에는 좀 더 강렬하게 시작해 보자.

○

그러므로 이제 난 기억할 것이다.

오늘부터 나는 다른 풍경을 바라볼 것이다.

나라서 가능한 것을 보자.

그 풍경에 나의 희망도 존재하니까.

○

나는 세상에서 유행하는 트렌드가 아닌,

나의 세계에서 유행하는 트렌드에 주목한다.

마음이 가는 대로 움직일 수 있다면,

누구나 자신의 세계를 크게 키울 수 있다.

○

사는 나날은 결국 죽음에 다가가는 나날이다.

다만 내면의 소리에 귀를 기울이며 살면,

사는 나날이 곧 깨달음의 나날이 될 것이다.

사는 만큼 진리에 더 가까이 다가가고 싶다면,

내 안에서 어떤 소리가 흐르고 있는지 살펴야 한다.

○

좀 더 일찍 알았더라면 더 좋았겠지만,

지금도 늦지 않았다.

살아 있는 한 희망도 존재하는 거니까.

나는 내가 만든 산장에서 사색하며

나를 하나하나 만들어 나갈 것이다.

○

밤이 어둡다고 잠들지 못하는 바다는 없다.

나는 내 선택을 믿고 나를 유지하면 된다.

있는 그대로의 자신으로 남자.

내게 주어진 인생 최고의 목표는

다른 사람으로 살아가는 게 아니라,

처음 가졌던 오리지널리티(originality)를

훼손하지 않고 죽는 날까지 보존하는 것이다.

○

세상에 아직 없다고?

그럼 내가 만들면 되지.

그게 이미 존재한다고?

그럼 내 스타일로 바꾸면 되지.

가장 중요한 것들은 당장 하는 게 좋다.

미루는 것은 좋지 않다.

내일은 영영 오지 않을 수도 있으니까.

헤르만 헤세 문장 번역 최윤영

한국외국어대학교를 졸업하고 동 대학교 통번역대학원 한영과를 수료했다. 마케팅 기업에서 컨설턴트로 일하다가 전문 번역의 세계로 들어섰다.

현재 출판번역 에이전시 글로하나에서 영어 전문번역가 및 기획자로 활동하고 있다. 역서로는 《옳은 실패》, 《오픈: 열린 마음》, 《컬러의 세계》, 《두려움 없는 조직》, 《돈의 패턴》, 《오늘부터 팀장입니다》, 《권력의 원리》, 《큐레이션: 과감히 덜어내는 힘》, 《역사를 바꾼 50가지 전략》, 《나를 함부로 판단할 수 없다》 등이 있다.

태어나려는 자는 하나의 세계를 깨뜨려야 한다

초판 1쇄 인쇄 2025년 4월 16일
초판 1쇄 발행 2025년 4월 24일

지은이	김종원
편집	이정
디자인	김윤남
일러스트	메종 드 광렬
책임마케팅	최혜령, 박지수, 도우리
마케팅	콘텐츠IP사업본부
경영지원	백선희, 권영환, 이기경, 최민선
제작	재영P&B

펴낸이	서현동
펴낸곳	㈜오팬하우스
출판등록	2024년 5월 16일 제2024-000141호
주소	서울특별시 강남구 테헤란로 419, 11층(삼성동, 강남파이낸스플라자)
이메일	info@ofh.co.kr

©김종원 2025

ISBN 979-11-94654-59-9 (03160)

마인드셀프는 ㈜오팬하우스의 출판브랜드입니다.